LOS DOS ANÁLISIS DEL SR. Z

HEINZ KOHUT

LOS DOS ANÁLISIS
DEL SR. Z

Edición traducida y comentada por
Rogeli Armengol, Ramon Riera y Silvio Sember

Herder

Diseño de la cubierta: CLAUDIO BADO y MÓNICA BAZÁN

Imprenta: REINBOOK
Depósito Legal: B-37.750-2002
Printed in Spain

ISBN: 84-254-2285-X   **Herder**   Código catálogo: PSI2285

Provenza, 388. 08025 Barcelona - Teléfono 93 476 26 26 - Fax 93 207 34 48
e-mail: editorialherder@herder-sa.com - http:// **www.herder-sa.com**

ÍNDICE

NOTA DE PRESENTACIÓN
DE LA EDICIÓN

Un grupo de profesionales del psicoanálisis nos reunimos periódicamente en Barcelona desde hace algunos años para estudiar y debatir diversos temas y autores relacionados con nuestra profesión, tanto en sus aspectos teóricos como técnicos. De los trabajos leídos por el grupo nos llamó especialmente la atención un texto de Heinz Kohut* y pensamos que sería útil disponer de la traducción para leerlo en castellano, por la peculiaridad de la técnica terapéutica allí expuesta. Así que lo tradujimos para uso del grupo, para facilitar la comprensión y discusión interna.

La singularidad del trabajo de Kohut consiste en que describe dos tratamientos psicoanalíticos distintos de un mismo paciente, realizados por el mismo analista. Kohut quiso subrayar, al darlo a conocer, que se trató de dos análisis muy diferentes. Entre ambos medió un cambio teórico y técnico sustancial y, en consecuencia, se presentan dos técnicas muy diferentes entre sí, que corresponden a dos etapas profesionales

* «The Two Analyses of Mr. Z», *The International Journal of Psychoanalysis*, 1979, 60:3.

9

bien contrapuestas en lo referente a algo tan importante como la forma de tratar a los pacientes.

En el transcurso de nuestras discusiones se nos hacía cada vez más evidente el gran valor de este escrito. Arriesgándose a todo tipo de reacciones adversas, Kohut muestra la labor de un analista clásico, como él mismo lo había sido antes, al que critica, dejando ver su malestar por haber trabajado tan mal, por haber escuchado tan poco al paciente en su primera etapa, cuando operaba como un analista tradicional. Se percibe su honestidad de científico riguroso e ilustrado, podríamos decir que de corte socrático, al tomar muy en consideración las quejas del paciente, no como *productos de la transferencia* ni como *argucias defensivas,* sino como la manifestación de su manera de ser, no necesariamente malintencionada u hostil. Comprender al paciente y aceptarlo tal cual es, le llevó a elaborar una técnica más adecuada. En efecto, fue precisamente el paciente quien, al manifestar el dolor por la incomprensión y la cerrazón del analista doctrinario, le alertó sobre los fallos de su herramienta analítica.

Por todo ello comenzamos a pensar en la posibilidad de publicarlo y poder compartir, con todos aquellos compañeros que están dispuestos a dudar de su propia técnica, esta muestra de honestidad científica que pone en evidencia el error de trabajar como lo hacíamos, empecinados en criterios y en teorías que pueden ser inadecuados.

Si el lector se atreve a arriesgarse y cuestionar la fiabilidad de los presupuestos con los que opera, si está dispuesto a aceptar que su trabajo es fructífero por factores bien diferentes de aquéllos que él considera esenciales, la lectura de este pequeño pero gran libro le ayudará a encontrar ciertas claves que luego podrá desarrollar en la relación con sus pacientes de psicoterapia o de psicoanálisis, confirmando o refutando estos aportes desde la escucha empática.

Una parte del libro, la que corresponde a Z, es el resultado de haber traducido el trabajo correspondiente del inglés al castellano, cotejando nuestro texto con las traducciones italiana y francesa existentes e intentando no distorsionar el contenido y el tono originales.

Posteriormente decidimos abordar la lectura y discusión de otro texto del mismo autor titulado «Introspección, empatía y el semicírculo de la salud mental». Este estudio también nos pareció muy importante porque en él se critica con mucha decisión y claridad la tradicional metapsicología freudiana y se ofrece una alternativa técnica al psicoanálisis ortodoxo. Creemos que es un trabajo muy independiente y esclarecedor, aunque de lectura difícil. Así, pues, decidimos incluirlo en la presente edición.

Se trata de un escrito póstumo, la elaboración de un analista que escaló los diferentes niveles de poder y autoridad en la sociedad científica a la que pertenecía, llegando a ser presidente de la American Psychoanalytic Association y ulteriormente vicepresidente de la International Psychoanalytic Association, y que luego, alejado de los avatares institucionales, reflexiona sobre la técnica que aprendió durante su formación y la critica, como había hecho también antes con la publicación de los dos análisis de Z.

Por otra parte, en este último trabajo también formula una revisión muy decidida y seria de las bases teóricas del psicoanálisis vigente, que él denomina tradicional o clásico, desde la madurez personal y profesional, desarrollando una propuesta psicoanalítica alternativa. Este último aspecto le confiere al trabajo un carácter de legado científico que consideramos muy valioso, por lo que abordamos también su traducción para ofrecerlo a los lectores de habla hispana.

Queremos agradecer a Thomas Kohut, hijo de Heinz Kohut, la amable cesión del permiso para editarlos en castellano.

Finalmente, hemos decidido incluir en esta edición tres trabajos actuales: «La técnica de Kohut y el psicoanálisis del futuro», de Rogeli Armengol Millans, «Introducción a la Psicología del self», de Ramon Riera y «Claves para leer el "Semicírculo"», de Silvio Sember.

Los tres constituyen un esfuerzo para introducir al lector en la perspectiva que propone Kohut, al mismo tiempo que plantean críticas al psicoanálisis tradicional que serán, sin lugar a dudas, polémicas. Los profesionales que inician su formación psicoanalítica encontrarán aquí expuestos, de forma clara y directa, algunos de los supuestos más controvertidos del psicoanálisis y esto les permitirá enriquecer su propia opinión al respecto. Las personas que conocen bien la situación del psicoanálisis tradicional pensarán, seguramente, que los criterios establecidos en estos trabajos pueden ser objeto de discusión y controversia, pero también convendrán con nosotros en que las críticas que hacemos pueden entenderse como una continuación de lo que inició Kohut.

El grupo de estudio y traducción está integrado por Rogeli Armengol, Ángeles Castaño, Lluïsa Etxeberria, María Mercedes Fernández, Asunción Luengo, Teresa Mas, Immaculada Ribás, Ramon Riera, Neus Rubio y Silvio Sember.

Barcelona, 2002

PRIMERA PARTE

LOS DOS ANÁLISIS DEL SR. Z

I

LOS DOS ANÁLISIS DEL SR. Z[*]

Heinz Kohut

INTRODUCCIÓN

En apenas una docena de años, la psicología del self ha alcanzado un desarrollo tal que necesitamos resumir nuestras conclusiones técnicas y demostrar su utilidad en nuestro trabajo clínico. Todo ello para beneficio de aquéllos que la comprenden a fondo y aplican habitualmente los nuevos conceptos en su trabajo clínico y de investigación, y también para beneficio de aquéllos que tratan de aprender seriamente este nuevo avance y quieren formarse un juicio razonable acerca de él. El primer punto –un resumen del estado

* «The Two Analyses of Mr. Z», *The International Journal of Psychoanalysis*, 1979, 60: 3. Esta traducción es obra del grupo de trabajo compuesto por Rogeli Armengol, Ángeles Castaño, Lluïsa Etxeberria, María Mercedes Fernández, Asunción Luengo, Teresa Mas, Immacu-lada Ribás, Ramon Riera, Neus Rubio y Silvio Sember.

actual de nuestros contenidos teóricos– fue tratado en un artículo recientemente aparecido en *The International Journal of Psychoanalysis* (Kohut & Wolf, 1978); el segundo punto –demostración de la utilidad clínica de este nuevo punto de vista– fue abordado con la publicación de *The psychology of the Self: a casebook* (Goldberg, 1978). El estudio del caso presentado aquí corresponde al segundo punto: intenta mostrar la relevancia de los nuevos conceptos psicoanalíticos en el campo de la clínica.

Dos consideraciones me han determinado a escoger este caso dentro del contexto subrayado más arriba: en primer lugar, la estructura de personalidad del Sr. Z permite ilustrar con gran claridad el poder explicativo de la psicología del self; en segundo lugar, este caso es un excelente ejemplo de nuestra evolución y, a partir de ella, de la nueva forma de trabajo, por el hecho de que el análisis del Sr. Z tuvo lugar en dos periodos, cada uno a 5 sesiones por semana y alrededor de 4 años de duración, separados entre sí por un intervalo de unos 5 años y medio. Durante el primer periodo examiné el material analítico enteramente desde el método del análisis clásico. Pero el segundo periodo empezó mientras yo estaba escribiendo «Forms and Transformations of Narcissism» (1966) y finalizó cuando me encontraba profundamente inmerso en la escritura de *The analysis of the Self* (1971). Así pues, el segundo análisis coincidió con la época en que yo estaba empezando a probar un nuevo sistema de conceptos, un nuevo punto de vista que, dicho brevemente, me permitía percibir el sentido o el significado de ciertos elementos que no había percibido conscientemente con anterioridad. La presentación de este caso muestra cómo el cambio en la visión teórica –que tuvo lugar en mí en aquella época– influyó decisivamente para focalizar la percepción de la psicopatología del Sr. Z; y me facilitó, para mayor beneficio del paciente, ofrecerle el acceso a ciertas áreas de su personalidad que no habían sido alcanzadas en el primer análisis.

EL PRIMER ANÁLISIS DEL SR. Z

Cuando el Sr. Z me consultó para analizarse era un licenciado universitario de unos 25 años. Era un hombre apuesto, fornido y atlético. Su semblante pálido y sensible, la cara de un soñador o de un pensador, contrastaba notablemente con su musculosa presencia. Hablaba con voz suave, titubeando con frecuencia.

El paciente vivía con su madre, viuda, en unas circunstancias económicas bastante acomodadas, porque el padre, que había fallecido hacía unos cuatro años, no sólo había tenido éxito como hombre de negocios sino que también había heredado una considerable fortuna. El Sr. Z era hijo único.

Los transtornos por los cuales él pedía ayuda al principio eran bastante vagos. Se quejaba de un número de síntomas somáticos menores: palpitaciones, sudoración de manos, sensaciones de pesadez de estómago y periodos tanto de estreñimiento como de diarrea. También mencionó que se sentía socialmente aislado y que era incapaz de relacionarse con mujeres. Pese a que su rendimiento en el trabajo académico era bueno –a juzgar por sus notas y la reacción de sus profesores–, él expresaba la opinión de que estaba por debajo de sus posibilidades.

Intentaba aliviar su soledad por medio de la lectura y las salidas al cine, al teatro, o a conciertos. Iba solo, o con un amigo soltero con el cual había tenido estrecha relación desde el instituto, que también parecía haber tenido algún problema en sus relaciones con las mujeres. Con frecuencia la madre del paciente los acompañaba; ella era una mujer con intereses artísticos diversos (pintaba y escribía poesía).

Aunque la patología y la insatisfacción que este modo de vida pudo generar en un joven de 25 años –a mi parecer, inteligente y bien parecido– fuera importante, en mi opinión había conseguido un cierto equilibrio vital gracias a su relación con el amigo y la madre, ya que dicha relación le había ahorrado el fuerte impacto de una confrontación con sus inhibiciones. Yo me preguntaba qué evento en concreto le podía haber movido a buscar terapia en ese momento; tal como averigüé más tarde, hubo un acontecimiento que alteró el equilibrio con el cual se había provisto defensivamente este trío «fortaleza»: pocos meses antes de que el paciente me consultara, su amigo se había sentido atraído por una mujer bastante mayor que él. El amigo no sólo excluyó al paciente de la relación con esta mujer –el Sr. Z nunca la conoció ni supo su nombre– sino que también se volvió menos interesado en ver al Sr. Z Poco después dejó de participar en las actividades sociales y culturales que realizaban, y que incluían a la madre del Sr. Z, aunque mantuvo algún contacto con ambos por teléfono.

La revelación de detalles de los problemas del Sr. Z surgía al principio muy despacio y estaba dificultada por la resistencia motivada en la vergüenza; era particularmente difícil para el paciente expresar no sólo que se masturbaba con frecuencia, sino también que las fantasías masturbatorias eran masoquistas. En esas fantasías –que él nunca trató de poner en práctica– realizaba tareas domésticas sumisamente al servicio de una mujer dominante. Sólo alcanzaba el orgasmo después de elaborar una historia donde era forzado por una mujer –que él imaginaba fuerte, exigente e insaciable–, a tener relaciones sexuales. En el momento de la eyaculación experimentaba, generalmente, un sentimiento de esfuerzo desesperado por estar a la altura de las demandas de la mujer que, tal como él mismo expresaba, era similar a un caballo al que se le hace tirar de un peso demasiado grande para sus fuerzas, obligado bajo el látigo del cochero hasta dar su último aliento, o como los esclavos de las galeras romanas fustigados por sus guardianes durante una batalla naval.

Los datos clínicos obtenidos durante la primera fase del análisis pueden ser divididos en dos grupos: a) material de la infancia del Sr. Z, y b) material de la preadolescencia e inicio de la adolescencia. Había indicios originados en evidencias externas a la personalidad del Sr. Z de que, de los primeros años de su vida

–que él no recordaba–, quizás el primer año o año y medio, habían sido felices. La personalidad de la madre estaba severamente perturbada, como se verá más adelante; sin embargo, ella era joven cuando el paciente nació y la intensa relación con su hijo varón debió generarle comportamientos sanos y ayudó a ofrecerle cuidados apropiados mientras él fue pequeño. Según parece, él era «la niña de sus ojos», y el padre también parecía estar muy complacido con él –por lo que se deduce de las notas en un diario y de fotografías y películas domésticas que había realizado la joven pareja. En las fotos, aparecía en los brazos de su madre u, ocasionalmente, de su padre; su expresión facial era la de un niño saludable y feliz. También adelantaré que, aunque en el segundo análisis pude ver el significado de muchos de los datos de su infancia de ma-nera diferente, mi impresión sobre estos primeros años permaneció invariable: había un tono de vitalidad, vigor para jugar y espíritu emprendedor en la personalidad del Sr. Z, a pesar de las perturbaciones que surgieron más tarde.

Cuando el paciente tenía alrededor de tres años y medio, tuvieron lugar sucesos importantes. El padre del Sr. Z cayó seriamente enfermo y fue hospitalizado por un periodo de varios meses, cosa que le afectó considerablemente. Pero lo más grave debió ser que, durante la hospitalización, el padre se enamoró de una enfermera que le cuidaba y, después de su recuperación, decidió no volver a casa e irse a vivir con ella. En el tiempo que duró su relación (alrededor de un año y medio), raramente visitó a su familia. No hubo, a pesar de todo, divorcio y, cuando el paciente tenía 5 años, según el relato de su madre, rompió con la enfermera y volvió a casa. Aunque la familia parecía externamente reconstruida, no cabe duda alguna de que el matrimonio fue desgraciado a partir de aquel momento. Y parece que pequeñas dosis de afecto se volvieron a reavivar entre ellos durante el último año de vida del padre, cuando la madre lo cuidó en la etapa final de su enfermedad.

El tema más candente en el primer año de análisis fue una transferencia materna regresiva, que parecía estar asociada al narcisismo del paciente. Yo lo veía entonces con una falsa grandiosidad y exigiendo que la situación analítica reinstalara la posición de sujeto exclusivo que, seguramente, había disfrutado en la niñez. Me imaginaba que debía haberse sentido admirado y alimentado por una madre complaciente que, a falta de hermanos, (que podían haber constituido rivales pre-edípicos) y en ausencia del padre (que pudo haber sido un rival edípico), había dedicado su total atención al paciente, durante un periodo crucial de su infancia. La reconstrucción de esta situación pudo ser confrontada con el paciente varias veces. Él se resistió, durante mucho tiempo, a estas interpretaciones. Se encolerizaba conmigo y, de hecho, el cuadro que presentó durante el primer año y medio de análisis estuvo dominado por su rabia. Estos ataques surgían bien como respuesta a mis interpretaciones sobre sus demandas narcisistas y a sus sentimientos arrogantes de «tener derecho», bien ante las inevitables frustraciones como eran las interrupciones de fin de semana, las ocasionales irregularidades en el horario y, especialmente, las motivadas por mis vacaciones. En estos casos, a veces, el paciente reaccionaba con depresión, acompañada por preocupaciones hipocondríacas y fugaces pensamientos suicidas. Después de un año y medio aproximadamente, se tranquilizó y ya no insistió en pretender justificar su rabia que, según él, se debía a que yo no le entendía. Cuando le señalé el cambio y le dije que el trabajo sobre sus ilusiones narcisistas estaba dando fruto, el paciente rechazó esta explicación, pero de forma amistosa y calmada. Respondió que el cambio no tuvo lugar en él sino que fue debido a algo que *yo* había hecho. Según él, había introducido una de mis interpretaciones respecto a sus insaciables exigencias narcisistas con la frase: «Por supuesto, duele cuando uno no recibe aquello que cree que le han de dar». Yo no entendí el significado de mi intervención en ese momento –por lo menos conscientemente– y continué pensando que el paciente estaba renunciando a sus aspectos narcisistas y que su rabia y depresión habían disminuido por el efecto del trabajo analítico sobre su narcisismo. Pensé (sin decirlo) que el paciente se defendía (de la ansiedad que le había producido mi interpretación) atribuyendo el cambio a una frase que yo había introducido en mi discurso y que, en realidad, se trataba de una expresión inocua e insignificante. Recuerdo haberle explicado que al negar la efectividad de mi interpretación estaba levantando una última barrera de resistencia contra la aceptación de la naturaleza ilusoria de sus exigencias narcisistas. Pero afortunadamente –como vi más adelante– decidí no seguir con esta cuestión, para no interrumpir el progreso del análisis que parecía seguir un camino en otra dirección, hacia el núcleo de su patología, según pensaba en aquel momento.

El trabajo analítico se centró desde entonces, por un lado, en el fenómeno de la transferencia y recuerdos referidos a sus conflictos patógenos –como pude ver más tarde– en el área de la sexualidad y la agresividad infantiles, el complejo de Edipo, la ansiedad de castración, la masturbación infantil, sus fantasías de mujer fálica y, especialmente, su preocupación por la escena primaria; por otro lado, la labor se vio estimulada por su revelación de que, a poco de cumplir los 11 años, se había visto envuelto durante unos dos años en una relación homosexual con un profesor del instituto, un educador serio y director del campamento de verano adonde había sido enviado por sus padres, unos veinte años mayor que él.

No considero necesario explicar aquí mis percepciones con respecto a los primeros temas porque coinciden con el enfoque clásico del psicoanálisis. Las principales resistencias del paciente parecían ser su narcisismo defensivo y el mecanismo de negación. Yo trataba de demostrarle cómo negaba el hecho de que el padre había vuelto a casa cuando él tenía alrededor de 5 años, cómo insistía en no haber tenido rival edípico –negación que también se podía observar en la transferencia– y cómo fue una ilusión creer que la posesión de su madre había permanecido inalterable desde el retorno del padre. De cualquier modo, yo interpretaba la persistencia del narcisismo defensivo como una protección no sólo contra el dolor que le producía la toma de conciencia del poderoso rival que poseía a su madre sexualmente, sino también contra la ansiedad de castración a que lo exponían su propia competitividad e impulsos hostiles hacia el rival, si conectaba con tales sentimientos.

Dos tipos de recuerdos surgían en respuesta a estas interpretaciones: uno, que apareció primero en sueños, estaba en relación con la observación de las relaciones sexuales de sus padres, mientras que el otro tipo de recuerdos era respecto a la masturbación infantil y el conjunto de fantasías que las acompañaban. Debería añadir en este punto un hecho que se convirtió en inteligible sólo años después, durante el segundo análisis del Sr. Z, y es que la masturbación infantil no cesó durante la latencia, fue interrumpida sólo temporalmente durante su relación con el monitor y continuó desde entonces en adelante. La esencia de las fantasías que acompañaban la masturbación persistió desde la infancia hasta la edad adulta, aunque su contenido concreto fue presentando modificaciones. Dichas fantasías desaparecieron durante la segunda mitad del primer análisis.

Indudablemente, el Sr. Z había sido testigo de las relaciones sexuales de sus padres desde los 5 años hasta los 8 años, cuando le fue asignada una habitación aparte. Hasta el momento del regreso del padre, había dormido junto a su madre en el lugar del padre y posteriormente se instaló en la habitación de los padres un sofá situado perpendicularmente a los pies de su cama, de tal manera que la altura de la propia cama le impedía ver a los padres si él no se incorporaba; sin embargo, estaba colocado tan cerca que las vibraciones de la cama se transmitían al sofá.

Hablamos mucho sobre el impacto que estas experiencias podían haber tenido sobre él: los ruidos que lo asustaban, la estimulación sexual que lo angustiaba. Y nos centramos, en particular, en el hecho de que los recuerdos que hacían referencia a las frecuentes y serias peleas entre los padres –las cuales el niño presenciaba– y los recuerdos de la *escena primaria* aparecían en muchas de sus asociaciones en una secuencia temporal, lo cual permitía la reconstrucción de que él había percibido aquella relación no como una relación amorosa sino como una lucha.

La propia actividad sexual y la masturbación infantil, que empezaron poco después del retorno del padre continuaron, con intensidad creciente, después de que le fuera adjudicada su propia habitación. Pero el contenido de sus fantasías masturbatorias en la infancia, hasta donde pudo recodar, estaban arraigadas al período pre-edípico, pregenital, cuando él había sido el único poseedor de su madre. No pudimos encontrar ningún indicio de contenido competitivo masculino-asertivo a partir del cual estas fantasías masoquistas habrían podido constituir una retirada defensiva estimulada por la ansiedad de castración. Definido en términos de series complementarias de regresión y fijación (Freud, 1933), la actividad masturbatoria parecía estar motivada por las fijaciones pre-edípicas y pregenitales (con mezcla de elementos orales y anales y una marcada pasividad), pero no por la regresión.

27

Tales fantasías masturbatorias fueron siempre elaboraciones más o menos extensas de temas como *La cabaña del Tío Tom*, un libro que su madre le había leído en numerosas ocasiones durante sus años de temprana infancia, a la hora de acostarse o cuando estaba enfermo. Entre los 5 y los 13 años se imaginaba a sí mismo invariablemente como un esclavo, comprado y vendido por mujeres y para uso de las mujeres, como ganado, como un objeto sin iniciativa, sin voluntad propia. Era llevado de acá para allá, tratado con gran dureza; tenía que hacerse cargo de los excrementos y de la orina de su dueña. De hecho había una fantasía específica, a menudo repetida, en que la mujer orinaba en su boca y le obligaba a servirle de recipiente inanimado, como un orinal.

En mis intentos de reconstrucción interpretativa me movía en dos direcciones: intentaba, con más o menos éxito, dirigirme a los elementos de fijaciones pregenitales relativos a los lazos sexuales infantiles con su madre pre-edípica; y probaba, cada vez más, pero con escaso éxito, de discernir e interpretarle las motivaciones de su apego a las pulsiones pregenitales o incluso su regresión hacia ellas. Le decía que el miedo de tomar una posición competitiva vis-a-vis con respecto al padre, le había obligado a volver a un nivel de desarrollo temprano, o, en todo caso, la ansiedad de castración le impedía decidirse a avanzar.

Mi acercamiento a la psicopatología del Sr. Z a través de su análisis se puede decir que estuvo en total consonancia con las teoría clásicas del psicoanálisis. Su particular masoquismo yo lo expliqué como sexualización de su culpa respecto a la posesión pre-edípica de su madre y su inconsciente rivalidad edípica. Y le dije que, con la fantasía de una mujer fálica dominante, él combatía su ansiedad de castración de dos maneras. Una, mediante la negación, en la fantasía, de la no existencia del pene en los seres humanos o la creencia de que lo han perdido. Otra, por medio de la afirmación de que su madre era más poderosa que el padre, –y que, por tanto, no había de temer al padre como castrador–, o sea, que su madre podía efectivamente protegerle contra el padre porque ella poseía un pene más poderoso que él, era más fuerte que él.

Por supuesto también investigamos la relación homosexual durante sus años preadolescentes. Aunque el paciente había hablado de ello desde el principio de la terapia, los recuerdos sobre este tema tuvieron relevancia importante sobre todo una vez avanzado el análisis. Él describía estos años como extremadamente felices, puede que los más felices de su vida, a excepción quizá de los primeros años de la niñez, cuando al menos en apariencia era el dueño y señor de su madre. Igualmente, la relación con el educador parecía haber sido muy satisfactoria. Aun cuando el contacto sexual abierto entre ellos ocurría sólo ocasionalmente –al principio abrazos y besos, y más tarde desnudos uno junto a otro acariciándose los genitales manualmente y oralmente con cierto grado de ternura–, él insistía en que la sexualidad no había sido lo más relevante y que fue una relación afectuosa. El paciente idealizó a su amigo. Durante el verano, en el campamento, lo admiraba no sólo como experto en actividades al aire libre y en destrezas que enseñaba, sino también como líder espiritual que infundía a los chicos amor a la naturaleza, con una profundidad casi religiosa. Después, cuando los dos continuaron viéndose en la ciudad, le atraía por su filosofía moral y social, y por el conocimiento y amor por la literatura, el arte y la música. Según mi impresión, en ese momento, la relación —en sus aspectos más profundos— era una reactivación del estado de felicidad de la relación pre-edípica, pregenital, con la madre idealizada, ya que además, aparentemente, durante este periodo fue la primera vez en su vida que estuvo desligado emocionalmente de su madre. La relación con el educador finalizó cuando el Sr. Z se aproximó a la pubertad; es decir cuando su voz cambió, cuando empezó a tener barba y vello en el cuerpo y cuando sus genitales empezaron a madurar. Los últimos meses de su relación fueron sin duda los peores. Se diría que los rápidos cambios de la pubertad hicieron tambalear las bases psicológicas de su amistad o, al menos, no pudimos descubrir ninguna otra razón que explicara ese final. El vínculo afectivo entre ellos pareció disolverse cuando irrumpe la sexualidad plena por primera vez. En una ocasión el educador trató de penetrar analmente al paciente pero el intento falló, y en otra ocasión —la primera y la única en dos años de amistad— tuvo una eyaculación mientras el paciente le acariciaba el pene. Poco después de estos acontecimientos cesaron sus encuentros.

El Sr. Z no tenía resentimiento contra este amigo y hablaba cálidamente de él cuando le mencionaba en el análisis. Consideraba que sus sentimientos habían sido genuinos y que la amistad los había enriquecido a los dos. Aunque ellos raramente se volvieron a ver después de la ruptura, nunca perdieron el contacto, incluso en el presente (podría añadir que el amigo está casado, tiene una vida conyugal feliz en apariencia, varios niños y éxito en su carrera).

Después de estos dos años de relativa felicidad, la existencia del Sr. Z se tornó inquieta e insatisfactoria. La pubertad no le aportaba ningún interés vivo por las chicas. En su lugar experimentaba un aumento del sentimiento de aislamiento social, y de forma gradual volvía otra vez a engancharse a su madre.

El padre, hasta donde supimos en el primer análisis, permanecía como una figura distante para él. Mientras que su madre parecía estar dedicada a una vida social propia, y durante un tiempo (anterior al que el Sr. Z se vinculó con el monitor) estuvo intensamente unida a otro hombre, un amigo de la familia, casado –una relación, hay que añadir, a la que el padre aparentemente no puso objeción.

La vida sexual del paciente, desde que terminó su amistad homosexual hasta el presente, estuvo restringida –adictivamente– a la masturbación, siempre acompañada de fantasías masoquistas con mujeres. Las fantasías no contenían ningún elemento homosexual. De hecho, aunque yo estaba alerta a la posibilidad de ideas homosexuales, no pude, con excepción de un sueño de ansiedad hacia el final del análisis, discernir ninguna tendencia homosexual poco común o cualquier actitud defensiva inusual referente a estímulos homosexuales, tanto en el primero como en el segundo análisis.

Para resumir los resultados de los síntomas y de la conducta del primer análisis: las preocupaciones masoquistas del Sr. Z desaparecieron gradualmente durante la segunda mitad del análisis y fueron casi inexistentes al final. Dio además un decisivo paso de madurez, al dejar la casa de su madre para ir a vivir a un apartamento propio. Y, finalmente, no sólo empezó a citarse sino que tuvo también alguna actividad sexual, cortas relaciones con chicas de su edad y de su entorno educacional y nivel cultural. Durante el último año del análisis, mientras proseguía un proyecto de investigación, llegó a relacionarse con una profesional, alrededor de un año mayor que él, a quien consultaba sobre ciertos aspectos de sus investigaciones que estaban fuera de su propio campo pero sí en el área de la competencia de ella. La persiguió activamente, tuvo relaciones sexuales satisfactorias y albergó intenciones de matrimonio, aunque por el tiempo de terminar el análisis no había llegado todavía a ninguna decisión respecto a este paso.

Más importante para mí que estos avances –que obviamente fueron muchos– al evaluar la efectividad del tratamiento, fue el percibir que eran el resultado directo de la movilización emocional y de ahondar en los conflictos básicos del Sr. Z. Durante la primera parte del análisis, su grandiosidad y demandas narcisistas fueron abordadas y elaboradas como la continuación de su fijación a la madre pre-edípica, fijación que le permitía protegerse de la rivalidad edípica y de la ansiedad de castración. Estos asuntos, desde luego, no desaparecieron repentinamente sino que se redujo su frecuencia e intensidad. Y lo que me pareció ser incluso más significativo como un indicador del final del proceso analítico fue que estuvo precedido por un cambio en el comportamiento ante los temas dominantes en los que el paciente estaba inmerso. Simultáneamente a una gradual disminución de asociaciones concernientes a la dependencia materna pre-edípica, hubo un incremento gradual de alusiones que activaba un conflicto edípico reprimido. En cualquier caso, consistentemente y con creciente firmeza, rechacé la reactivación de su posición narcisista y sus desmedidas expectativas y demandas durante los últimos años del análisis, diciéndole al paciente que eran resistencias contra la confrontación de temores más profundos e intensos, conectados con la reafirmación viril y la competencia masculina. Él parecía responder favorablemente a esta fuerte y consistente actitud persuasiva por mi parte: las formas narcisistas retrocedían, sus demandas y expectativas llegaron a ser más realistas y empezó a ser cada vez más firme en sus actividades; también se sentía más capaz de relacionarse con mujeres. En la transferencia mostró pensamientos agresivos hacia mí y expresó alguna curiosidad concerniente a mi vida privada, incluida mi vida sexual.

La manifestación más significativa de su avance para enfrentarse a lo que yo entonces creía que eran sus conflictos más profundos, fue un sueño que ocurrió alrededor de medio año antes de terminar. En este sueño –sus asociaciones señalaban claramente el tiempo en que el padre volvió con la familia– «estaba en una casa, detrás de una puerta que tenía una rendija abierta. Afuera estaba el padre, cargado con paquetes envueltos en papel de regalo, queriendo entrar. Estaba intensamente asustado y trataba de cerrar la puerta para que el padre no entrara». Trabajamos mucho en este sueño, del que surgieron varias asociaciones referentes a experiencias del presente (incluida la transferencia) y del pasado. Nuestra conclusión fue que se refería a su actitud ambivalente hacia el padre. A la vista de toda la imagen que me había formado de la construcción de su personalidad y de su psicopatología, insistí en mis interpretaciones y reconstrucciones, especialmente en su hostilidad hacia el padre que regresa, el miedo a la castración y a encontrarse frente al hombre fuerte y adulto; señalé además su tendencia a retraerse ante la competitividad y reafirmación viril y regresar hacia su antiguo vínculo pre-edípico con la madre o bien hacia la adopción defensiva de una actitud homosexual sumisa y pasiva ante el padre.

La cohesión lógica de estas reconstrucciones parecía impecable y estaba totalmente en línea con los preceptos para el desarrollo de un análisis de conflictos; con la definitiva resolución de los mismos, tratados en un análisis bien dirigido –preceptos que estaban firmemente asentados en mí, casi como una incuestionable guía interior para conducir mi trabajo terapéutico–, no tenía ninguna duda de que la gran mejoría del Sr. Z estaba realmente basada en el esperado cambio estructural, resultado de hacer conscientes los anteriores conflictos inconscientes. Para mi percepción analítica,

34

entrenada para percibir las configuraciones descritas por Freud, todo parecía cuadrar: habíamos llegado al conflicto edípico, la antigua ambivalencia inconsciente hacia el padre había aparecido, allí estaban las esperadas tentativas a la regresiva evasión –con alguna exacerbación temporal de conflictos pre-edípicos–, y allí estaba también finalmente un periodo de duelo –anticipatorio de la pérdida del analista y su relación con él–, que fue remitiendo hacia el final a medida que la disolución del acuerdo de confianza y cooperación se iba acercando. Todo cuadraba correctamente, en especial por la evidencia de incuestionable mejoría en todas las áreas esenciales de los trastornos del paciente.

Es mucho más difícil de describir lo que entonces iba mal que lo que aparentemente iba bien. Ahora pienso, que aunque tanto el paciente como yo intuimos algo, ambos fallamos en reconocer y confrontar un detalle crucial de esta fase final. Lo erróneo fue, para explicarlo llanamente, que toda la fase terminal, en duro contraste con los sorprendentes contenidos que manejábamos, resultó ser, con excepción de un área, emocionalmente superficial y poco estimulante. Debió llamarnos la atención, porque el paciente no tenía una personalidad obsesiva, ni era propenso a disociar idealización y afectividad. Por el contrario, estaba siempre dispuesto a experimentar y expresar fuertes emociones. Había sentido siempre vergüenza y rabia con gran intensidad y a menudo se sentía profundamente afligido por contrariedades y ofensas a su autoestima; podía incluso reaccionar con ardor y triunfante satisfacción cuando la realización y el éxito acrecentaban su autoestima. Para expresarlo a través de una comparación concreta: nada en la fase terminal –ni sus experiencias en la vida real ni en las sesiones analíticas– llegó en ningún momento a igualar la profundidad emocional con la que en fases más tempranas del análisis había expresado su idealización pre-edípica por la madre y su admiración por el educador. Solamente los sentimientos relativos a la separación del analista parecieron tener auténtica profundidad y su decisiva aceptación del hecho de tener que finalizar la relación analítica pareció laboriosa y genuina.

Después de haber terminado el análisis con un caluroso apretón de manos y la expresión de gratitud por su parte y buenos deseos para su vida futura por la mía, apenas tuve contacto con el Sr.Z durante unos cinco años. Alrededor de unas tres semanas después de nuestra última sesión, una escueta carta llegó con su último pago. En esta carta volvía a expresar su gratitud y declaraba que, aunque todavía estaba afectado por el final de nuestra relación, lo llevaba bien. También mencionó que había decidido no casarse con la mujer con la que se había relacionado durante el último año, pero que, seguramente, tendría otra ocasión. Por casualidad encontré a mi paciente en dos ocasiones: una en el teatro y otra en un concierto. En cada una estaba acompañado de una mujer joven –diferente cada vez– que me presentó, con una concisa y cordial charla social en ambos casos. Por lo que pude captar en estas conversaciones le iba bien en su profesión y, aunque no se le veía muy animado, tampoco parecía deprimido.

Me sorprendí cuando unos cuatro años y medio después de acabar el análisis, el Sr. Z me comunicó que, nuevamente, tenía problemas. Su mensaje lo enviaba en una tarjeta de Navidad que, según decía, era para felicitarme por un cargo profesional que entonces yo tenía (más tarde descubrí que se había enterado de esto por una nota en el periódico, hacía más de medio año, sin que me hubiera escrito entonces). Terminaba deseándome una feliz Navidad. Fue sólo como de pasada que añadió la puntual información de que últimamente no había estado muy bien y que probablemente contactaría conmigo en un futuro próximo. En contestación, le dije que podría atenderle si seguía teniendo necesidad de ello. Poco después me llamó para concertar una cita.

Mi primera impresión cuando vino a verme fue que estaba algo tenso. Pero hablaba abierta y libremente a medida que me ponía al corriente de todos los acontecimientos que le ocurrieron en los años transcurridos y explicaba las razones para contactar conmigo esta vez. Se habían producido pocos cambios en su vida. Seguía viviendo solo, en un apartamento de su propiedad. Actualmente no estaba unido a ninguna chica en especial, pero hasta hacía poco había tenido una sucesión de relaciones. Sexualmente era siempre potente –una pequeña tendencia a la eyaculación precoz que había desarrollado hacía algún tiempo, no parecía ocasionarle ninguna dificultad seria– pero había llegado a preocuparse progresivamente por el hecho de que las relaciones en las que se implicaba eran emocionalmente superficiales y, en particular, que su vida sexual no le aportaba una verdadera satisfacción. Mencionó entonces, continuando rápidamente, que no había recurrido a la antigua adicción a la masturbación con fantasías masoquistas y que, aunque aparentemente tenía éxito en su profesión, a él no le gustaba su trabajo sino que lo sentía como una rutina inevitable, un lastre, algo monótono. El hecho de que lo mencionara rápidamente lo consideré un manifiesto «non sequitur»[1] lo que, como presumí, indicaba una latente relación indirecta entre ambas cosas. Recuerdo que inmediatamente sospeché, en base a la yuxtaposición entre su declaración referente a no recurrir al masoquismo sexual y la queja sobre la «pesadez» de su trabajo, que, contrariamente a mis esperanzas, el primer análisis no había logrado una completa cura de sus tendencias masoquistas a través de un cambio estructural, sino que habían estado simplemente reprimidas y desviadas a su trabajo y a su vida en general. Esta impresión, debo añadir, fue más tarde ampliamente confirmada por el material que obtuvimos en el curso del segundo análisis.

Entonces me dijo que las fantasías masoquistas en realidad no habían desaparecido nunca completamente, sino que a menudo las había vuelto a activar durante las relaciones con sus novias. Hizo esto, dijo, como antídoto a su eyaculación precoz y para saborear el

---

1. N. del T.: «sin solución de continuidad», en latín en la versión original.

acto sexual más intensamente. Por último, durante unos pocos meses atrás, después de romper con su reciente compañera, llegó a alarmarse por una creciente sensación de aislamiento social y especialmente por la tentación, tanto tiempo controlada, a comprar libros pornográficos y masturbarse con fantasías masoquistas. O sea, reaccionó como un ex-adicto, temeroso al peligro de sucumbir de nuevo a su adicción.

Pese a que en ese momento malinterpreté su significado como un motivo para que el Sr. Z volviera al tratamiento, vagamente me di cuenta de que el dato más importante de la información me lo dio durante la primera de las dos entrevistas al decirme que su madre (que en aquel tiempo tenía 55 años de edad), desde hacía año y medio había sufrido un importante cambio de personalidad.

Después de que el Sr. Z se había marchado de su lado –hacía unos cinco años– empezó a estar progresivamente más sola, saliendo de casa cada vez menos y, tal como llegó a ser evidente en los dos últimos años, había desarrollado un conjunto de alucinaciones paranoides circunscritas. Me pregunté enseguida si las serias perturbaciones emocionales de la madre no estaban de alguna forma relacionadas con el empeoramiento de la situación de él y su regreso a mí en busca de ayuda. ¿Se enfrentaba a la pérdida de un objeto de amor infantil todavía irrenunciable o a los sentimientos de culpa por haberla abandonado causándole así su enfermedad? Él mismo había considerado estas posibilidades e incluso era consciente de tener algunos sentimientos de pérdida y de culpa. No se dio cuenta sin embargo de que, paradójicamente, el serio problema emocional de la madre no había sido una fuerza destructora que le arrastraba a su anterior enfermedad sino más bien, como se explicará más tarde, algo benéfico que le empujaba hacia la salud. Logramos esta sorprendente introspección en el curso del segundo análisis.

Aunque pronto se hizo evidente que el Sr. Z necesitaba profundizar su análisis, habría sido muy difícil para mí comenzar con él en aquel momento. Como me dijo en la segunda entrevista que se sintió mucho mejor después del primer contacto conmigo, aceptó sin vacilar mi propuesta de que pospusiéramos el comienzo del análisis por medio año. En realidad, el cambio de aspecto y porte después de la primera entrevista fue impresionante: en aquélla su cara estaba tensa y pálida; ahora estaba relajada y le había vuelto el color; iba más derecho y era más flexible en todos sus movimientos; su conversación era más viva. Además estuvo de acuerdo con mi sugerencia de que le podría ver alguna vez antes del comienzo del segundo análisis si sintiera la necesidad de una visita. De hecho, el Sr. Z no pidió ninguna otra después de la entrevista inicial, pero me escribió una vez, hacia la mitad del periodo de espera, confirmando su esperanza de que comenzásemos de nuevo en la fecha que habíamos fijado y declarando que, por el momento, se encontraba razonablemente bien. Debería añadir en este punto mi sospecha de que el sentirse mejor después de volver a verme era un aspecto de la transferencia que él había establecido, y me preguntaba si su progreso era análogo al bienestar que él había experimentado mucho antes en su vida, en el momento de pasar de la madre al educador del camping. En otras palabras, empecé a pensar que se estaba estableciendo una transferencia idealizada –hipótesis que no había considerado en el primer análisis.

Cuando empezamos el segundo análisis como planeamos, esta hipótesis fue confirmada por el primer sueño del paciente que tuvo durante la noche que precedió a la primera sesión. El significado de ciertos aspectos del sencillo contenido manifiesto era casi inmediatamente comprensible; la total profundidad de su significado, sin embargo, llegó a ser inteligible sólo mucho más tarde. El sueño no contenía ninguna acción ni palabras.

> Era la imagen de un hombre de cabello oscuro en un paisaje rural con colinas, montañas y lagos. El hombre estaba allí de pie, tranquilamente relajado, parecía ser fuerte e inspiraba confianza. Estaba vestido de ciudad, de forma compleja pero armoniosa; el paciente vio que llevaba un anillo, que un pañuelo sobresalía del bolsillo del pecho, y que sostenía algo en cada mano, quizás un paraguas en una y posiblemente un par de guantes en la otra; la figura del hombre era visualmente muy plástica y prominente, como en algunas fotografías en las que el objeto está enfocado en primer plano mientras que el fondo está borroso.

Las asociaciones mostraron que la figura era una condensación de [a] el monitor del campamento (ciertos aspectos del paisaje se localizaban en el campamento de verano); [b] su padre (el pelo); y [c] el analista (paraguas, guantes, pañuelo, el anillo). La relación con un objeto idealizado, es decir, el establecimiento de una transferencia idealizadora, estaba representada por la apariencia impresionante y el altivo porte del hombre, y por el tono de admiración con el que el paciente le describía. No comprendí, al momento, el significado de la riqueza multifacética de la figura, especialmente en la descripción de la manera en que estaba vestido. El hecho, sin embargo, de que en sus asociaciones el paciente recordaba someramente el sueño de su padre –cargado con paquetes, tratando de meterse en la casa–, establecía un eslabón con la fase terminal del primer análisis, anunciando, como así fue, que el segundo análisis era una continuación del primero y que, como llegué a ver más tarde, partía del mismo punto donde el primero había fallado más significativamente.

Como es característico en los casos del tipo al que el Sr. Z pertenece, la fase inicial de la idealización fue de corta duración. En consonancia con mis intuiciones, entonces recientemente adquiridas, sobre la actitud correcta del analista al enfrentar una transferencia narcisista «in statu nascendi» (véase Kohut, 1971: 262-4), no interferí en el despliegue de la idealización que el paciente hacía de mí. Luego, después de unas dos semanas, empezó a remitir gradualmente, de acuerdo con la espontánea secuencia de transferencias determinada por los factores endopsíquicos –esto es, por la estructura de la personalidad y la psicopatología del paciente– para ser sustituida por una transferencia especular de tipo fusional (véase Kohut, 1971: 137-42). La vehemencia

42

de sentirse bien y la seguridad interior que experimentó a consecuencia de sentirse a sí mismo como parte del medio proporcionado por un analista idealizado, se desvaneció; se volvió egocéntrico, exigente, insistiendo y tendiendo a reaccionar con rabia a la más ligera discordancia con sus exposiciones psicológicas, al más ligero malentendido de sus informaciones.

Esta primera fase en el segundo análisis fue bastante similar a la que se correspondía con la del primero. Lo diferente, sin embargo, fue mi evaluación del significado psicológico de su conducta. Por ejemplo, mientras que en el primer análisis había considerado la idealización como una defensa inevitable y la había admitido al principio, para más tarde oponerme sistemáticamente a todo nuevo intento de idealizarme, ahora, en el segundo análisis, lo enfocaba con la respetuosa seriedad del analista que encara un importante material analítico. Esta vez lo tomé como una valiosa réplica analítica de una situación infantil que estaba siendo revivida en el análisis. Esta modificación de la situación tenía dos consecuencias favorables. Primero porque libró al análisis de un conflicto gravoso, iatrogénico y ficticio (sus estériles reacciones de rabia contra mí y las consiguientes disputas), que yo había entendido anteriormente como el inevitable acompañamiento del análisis de sus resistencias. Y segundo, que el análisis comenzó a introducirse por profundidades de una zona anteriormente inexplorada de la personalidad del paciente, lo cual contribuyó al inicio de su esclarecimiento. Esto es una muestra fiable de que ahora habíamos cambiado en la dirección correcta.

Formulado en los términos clásicos de relaciones objetales primarias, diríamos que esta fase del análisis revivió las condiciones del periodo en el que, en la primera infancia, había estado solo junto a una madre siempre dispuesta a proveerle de plena satisfacción, con una sobreestimulación narcisista permanente. En otras palabras, consideraríamos esta fase de la transferencia como un revivir una situación primaria cuando era mimado por su madre, y donde había prevalecido la sobregratificación, provocando una fijación que entorpeció el desarrollo posterior. Pero este modelo explicativo clásico falla, porque no consigue aclarar dos rasgos significativos de la personalidad del Sr. Z que pude discernir, incluso durante esta fase del análisis: una desesperación crónica subyacente que a menudo iba unida a la arrogancia de su exigencia, y, fundamentalmente, la reaparición del masoquismo sexual que se mantenía en rígido contraste con su demanda narcisista de reclamar atención, convencido de estar en su perfecto derecho.

No es fácil describir las sutiles pero decisivas diferencias entre esta fase del segundo análisis, en la cual la reactivación de la relación primaria del Sr. Z con la madre dominaba el cuadro, y la fase correspondiente en el primer análisis. Es fundamental, para entender todos los otros aspectos del cambio, considerar que entre el primer y el segundo análisis mi visión teórica había variado sustancialmente, por lo que ahora estaba capacitado para percibir ciertos significados, o la importancia de los mismos, que yo no había logrado percibir conscientemente con anterioridad. Más importante que mi mayor percepción fue, sin embargo, el sutil efecto que el cambio en mi perspectiva teórica ejerció en mi actitud frente al Sr. Z; esta actitud se refiere a lo que en lenguaje corriente se podría denominar paciencia, benevolencia o tacto, y que en términos clínicos se convierte en una atención respetuosa, aspecto que determina que sólo un largo y laborioso trabajo analítico puede producir un cambio de estructura; en el primer análisis había considerado al paciente, en esencia, como centro de iniciativa independiente y por tanto esperaba que, con la ayuda de las introspecciones analíticas que le capacitarían para ver su camino claramente, abandonaría sus exigencias narcisistas y maduraría. En el segundo análisis, sin embargo, mi énfasis cambió. Había adquirido una actitud menos apasionada ante el objetivo terapéutico de la maduración y, al asumir que con la madurez cuidaría de sí mismo, yo estaba en este momento más genuinamente capacitado que antes para poner a un lado cualquier objetivo dirigido a conseguir directamente unas ambiciones terapéuticas concretas. Dicho de otra forma, abandoné el principio moralista salud-madurez que anteriormente me había guiado, y me centré en la tarea de reconstruir las tempranas etapas de sus experiencias, especialmente aquéllas que concernían a su implicación con la personalidad patológica de la madre. Y ahora, cuando contemplábamos el self del paciente en el estado rudimentario al que se le llegó a ver en la transferencia, ya no lo vimos como resistencia al cambio o como oposición a madurar por no querer abandonar sus gratificaciones infantiles, sino, al contrario, como luchando desesperadamente –y a menudo desesperanzadamente– para desenredarse del nocivo objeto del self, delimitarse a sí mismo, crecer y llegar a ser independiente.

Fue en el contexto de nuestro estudio de los conflictos de su débil «self» para definirse a sí mismo, cuando llegamos a comprender el significado y el efecto de la reciente psicosis de la madre del Sr. Z. En el primer análisis yo había visto el persistente vínculo del paciente con la madre como un lazo libidinal que no deseaba romper. La idealización de ella, que todavía era muy evidente durante el primer análisis, yo la había entendido como la manifestación y acompañamiento consciente de su amor incestuoso inconsciente por ella. Pero ahora pudimos observar la personalidad de la madre y la naturaleza de su relación con ella bajo una luz bastante diferente.

El Sr. Z me había descrito durante el primer análisis una imagen de su madre que coincidía con la que ella mostraba a los extraños a la familia. Pero los que tenían un trato más cercano a ella, en particular el paciente y su padre, sabían la verdad, al tiempo que eran incapaces de llevar este saber a un nivel de conciencia suficiente para permitirles llegar a compartirlo. Ellos sabían que la madre del Sr. Z tenía convicciones firmes y bien cimentadas, que se manifestaban en comportamientos y actos cotidianos, manteniéndolos a ellos en una esclavitud afectiva y ahogando su independencia. Seguramente, cuando el Sr. Z me refirió en la primera etapa que su madre había respondido a sus peticiones con un gusto que a él le resultaba muy gratificante, él no estaba equivocado. Lo que redujo el valor de estas observaciones fue la omisión de un hecho crucial: los «regalos» afectivos de la madre le eran ofrecidos con la condición expresa de aceptar su dominación total y de que él no se dejara llevar por actos de independencia, especialmente en lo que concernía a las relaciones significativas con los demás. La madre del Sr. Z era intensa y patológicamente celosa; se puede añadir que ella controlaba todo, no sólo al padre y al hijo, sino también al personal doméstico, que estaba bajo su estricta dominación.

La relación de su padre con la enfermera y su marcha de casa en realidad fue una huida lejos de la madre, como finalmente comprendió el Sr. Z. También era el abandono de su hijo, como lo había vivido de forma preconsciente el paciente en su primera infancia. Pero no fue consciente de ello hasta el transcurso del segundo análisis. Ahora lo observó él mismo: el padre había intentado salvarse y, para hacerlo, había sacrificado a su hijo.

La descripción de su relación con la madre nos tomó, en el segundo análisis, mucho tiempo. La emergencia de recuerdos junto a su nueva facultad de profundizar en la esencia de su relación con la madre, le ponía en un estado de gran ansiedad y a menudo le conducía a topar con serias resistencias. En especial, el reconocimiento de la grave perturbación de la personalidad de su madre, y de cómo este transtorno había marcado su relación con ella, iba acompañado de una gran ansiedad. Entonces el flujo de sus asociaciones se interrumpía y retrocedía ante la demanda del trabajo analítico, dudando de la veracidad de sus recuerdos y preguntándose si no hacía trampa al explicarme las cosas de esta manera. Descubrimos un punto particularmente importante de su dinámica sin el cual su avance, indudablemente, se habría detenido bruscamente: se trataba de su angustia referente a la pérdida de la madre como objeto arcaico del self, pérdida que durante esta fase de recuerdo y elaboración de la fusión arcaica con ella le generaba amenazantes sentimientos de disolución. Esta sensación dolorosa era debida a que, en esos momentos (y esto duró bastante tiempo), él consideraba que ése era su único self. Sus dudas, su tendencia a retractarse de lo que un instante antes había adelantado y confesado, se debían a una represión temporal de los recuerdos o, la mayoría de las veces, a que su angustia de desintegración restablecía el dominio de la denegación que ya le había impedido en la infancia reconocer lo que pasaba y lo que sabía.

Yo querría aquí poner el énfasis sobre un aspecto de esta fase del análisis del Sr. Z que he visto ya en casos similares: la movilización de las experiencias infantiles en la situación analítica no ocasiona una distorsión de la imagen del analista en la transferencia. Desde luego, se producían algunas distorsiones transferenciales, pero casi siempre como elaboración de un núcleo de percepción real del analista. Por ejemplo, una actitud o acción del analista que era correctamente percibida quedaba modificada por la hipersensibilidad del paciente porque era vivida como similar a las de su patológica madre. Pero estas distorsiones solían desaparecer rápidamente y pasaban a ser sustituidas por recuerdos de infancia concernientes a la madre. Tengo la impresión de que, en estos casos, el poner menos énfasis del habitual en las distorsiones de la percepción transferencial no es una falta técnica o una defensa del analista, sino que está al servicio del progreso terapéutico. Para poder abordar la tarea de comprender la gravedad de la patología del objeto del self de la infancia, el paciente debía estar antes seguro de que el objeto del self actual, el analista, no lo situaba de nuevo en el mismo medio patológico de su primera infancia.

Ahora voy a estudiar algunos detalles concretos del comportamiento de la madre para suministrar el elemento que nos permitirá comprender la naturaleza patológica de la relación con ella. Sobre este punto, los recuerdos del Sr. Z no surgieron inmediatamente; no reaparecieron hasta después de haber reexaminado ciertos elementos de su relación que él ya había descrito a lo largo del primer análisis, como cuando su madre le leía, o jugaba con él, o le hablaba de las fantasías que ella tenía sobre su futuro. En los inicios habíamos visto estos aspectos de la actitud de la madre hacia él a la luz de lo que predominaba en el paciente, o sea, la idealización de su madre, y habíamos valorado juntos estos elementos como manifestaciones del amor materno. Mientras que, ahora, sintiéndose apoyado por el analista, el Sr. Z empezaba a cuestionar lo que antes era incuestionable. A medida que se fue liberando de percibir esa relación como algo sacrosanto, tal y como ella se lo había inculcado, pudo empezar a reconocer una cierta rareza en las actividades de su

49

madre, incluso en las que parecían tan normales y tan poco patológicas. Empezó, por ejemplo, a reconocer que ella no había estado de ninguna manera en contacto empático con él, con las necesidades de su self de recibir una resonancia anticipatoria de su futura independencia y capacidades, ya que la idea que tenía de su hijo como adulto era que, fuera cual fuese el éxito de su hijo en la vida, su relación no cambiaría nunca, él nunca la dejaría.

En un proceso lento y doloroso que supuso cierto tiempo, logró liberarse de esta visión idealizada de la relación con su madre. Esto le permitió por primera vez admitir que esta parte de su self fusionado con el de ella desde la infancia, no era ni su self entero ni la parte central de su self. A partir de aquí empezó a hablar de forma titubeante de las conductas más abiertamente patológicas de su madre cuando él era niño y adolescente. Para ello tuvo que sobreponerse al embate de fuertes resistencias motivadas por una angustia de desintegración. Tres ejemplos de la conducta de la madre del Sr. Z durante su primera infancia constituían aspectos representativos de su actitud hacia él: el interés por sus heces, el tipo de relación que tenía con las cosas que poseía, y su inquietud por pequeñas manchas de la piel de su hijo. Esta actitud, que luego vimos con más claridad, demostraba la necesidad tenaz e invariable de retener al hijo como un objeto de su propio self.

Durante el análisis del Sr. Z no surgió ningún recuerdo concreto que tuviera que ver con el aprendizaje del control de esfínteres. Éste parecía haber tenido lugar un poco antes de los dos años sin haber creado, aparentemente, ningún problema y su resultado fue el control esperable. No hubo encopresis y solamente un incidente único y excepcional de enuresis, poco después de tener que dejar la habitación de sus padres por otra. A pesar de que su desarrollo en esta área era presentado sin describir incidentes, las asociaciones del Sr. Z y sus recuerdos nos condujeron, en el contexto de su especial lucha para reevaluar la personalidad de su madre, a ciertos aspectos claramente patológicos de su comportamiento. Él recordaba ahora el interés intenso de su madre hacia sus heces, y este punto fue particularmente activo al comienzo de su segundo análisis. Ella había insistido en inspeccionarlas después de cada defecación, hasta que tuvo seis años. En esa época ella detuvo bruscamente sus inspecciones y, casi simultáneamente, empezó a ocuparse de su piel, en especial de la cara.

Es importante constatar que este rasgo sorprendente de la infancia del paciente no había sido nunca un asunto importante durante el primer análisis. Había surgido de vez en cuando en algunas sesiones, pero no lo veíamos como lo que realmente era, es decir, una prueba importante del grave desorden de la personalidad de la madre. En aquella época sólo lo habíamos considerado como lo que entonces creíamos que era una fijación narcisista como defensa. El comportamiento de la madre nos sirvió para explicar su tendencia a sobrevalorar sus propias producciones, las cosas que decía en las conversaciones con la gente y con el analista, los escritos del colegio, etc. Yo todavía recuerdo el tono ligeramente irónico de mi voz cuando, con la intención de ayudarle a superar su sentimiento de grandeza pueril, le señalaba cómo el hecho de que su madre se interesara por cada detalle de sus «excreciones» físicas y psíquicas, le había conducido a una fijación infantil de altivez, generando en él su actual hipersensibilidad ante los defectos de su propio carácter y de las cosas que hacía, y también su tendencia a rechazar las críticas hasta el extremo de reaccionar con depresión y rabia ante la simple ausencia de elogios.

En contraste con la primera parte del análisis, la segunda se centró en el estado de depresión y desesperanza que suscitaba en él la actitud de la madre. Ella no se interesaba en *él*. Lo que la fascinaba con intensidad era sólo sus heces y la inspección de las mismas, su funcionamiento intestinal y el dominio de sus esfínteres, todo ello con la convicción de estar realizando una buena acción, y con una firmeza inflexible que no permitían ninguna protesta y provocaban en él una sumisión casi total.

Como dije antes, la preocupación de la madre relativa a las heces de su hijo, se interrumpió cuando él tenía seis años de forma repentina, según parece; ella empezó entonces a obsesionarse por su piel, como lo había estado antes por sus intestinos. Todos los sábados por la tarde ella examinaba particularmente su cara hasta los detalles más pequeños y con una vigilancia cada vez mayor, hasta que alcanzó la adolescencia. Ponía atención a todo lo referente a las espinillas eventuales que pudiera detectar. El proceso era un ritual invariable, exactamente igual que había sido antes la inspección de las heces.

El Sr. Z empezó a relatar el ritual de la inspección de la piel después de haberme hablado de la inspección de las heces; pero aunque entonces hablaba de los acontecimientos de su infancia tardía y de su adolescencia, le era difícil darme una imagen clara de lo que le había ocurrido en cada uno de los periodos. Los acontecimientos se habían ido entremezclando y la cronología se fue desdibujando. Yo podría decir ahora retrospectivamente que aquel emborronamiento de sus relaciones era, en cierta medida, un mecanismo de defensa. Esto podía ser debido a que era especialmente duro reconocer la fuerza de la influencia patológica que su madre había tenido sobre él en su adolescencia y que se mantuvo hasta hace relativamente poco.

El ritual completo se realizaba sistemáticamente en dos tiempos. En el primero, y esto era lo más desagradable para el Sr. Z, su madre describía con infinidad de detalles y desaprobación lo que encontraba. En el segundo tiempo quitaba las espinillas más maduras, operación a menudo muy dolorosa. Su madre, que no perdía ninguna ocasión para alardear de sus uñas largas y duras, le describía la operación y le mostraba la extracción de grasa –*mini masa fecal*– con satisfacción, tras lo cual parecía calmada, lo mismo que el Sr. Z, que también experimentaba un reposo temporal. Los peores momentos eran cuando no encontraba espinillas o cuando algún intento de extracción fallaba.

Referente a la relación de su madre con el mobiliario, los objetos de arte y las baratijas que coleccionaba y que lucía en la casa, surgió al principio del segundo análisis otro grupo de asociaciones y recuerdos. Se podría intentar definir el interés de la madre hacia estos bienes como un rasgo de carácter obsesivo, explicando que era debido a una fijación anal, de la misma forma que se podría intentar diagnosticar las escenas de las espinillas con el título: «*trastorno de las pulsiones sádico-anales*». Sin embargo, no tengo duda de que un diagnóstico de neurosis obsesiva, o sea, un diagnóstico basado en criterios pulsionales sería, si no falso, al menos irrelevante, y no sólo porque ella ha desarrollado una psicosis paranoide después de la marcha del paciente. Se trataba en realidad de un caso «border-line» (cf. Kohut, 1977: 192, para la definición de esta categoría diagnóstica). El núcleo psicótico, el caos prepsicológico central de su personalidad, el vacío esencial de su self estaban encubiertos por el control de los objetos del self de los cuales ella se valía para apuntalar su self. Aunque en un trato superficial ella daba la imagen de una afectividad normal, incluso los extraños enseguida sentían el vacío que yacía bajo la apariencia normal. Así, tanto en la escuela primaria como también más tarde, a ningún compañero del Sr. Z le apetecía ir a su casa, lo que contribuía a su aislamiento social. De igual modo que, hasta que finalmente le fue asignada una habitación, no disfrutó de ninguna intimidad. Su madre insistía en que su puerta permaneciera siempre abierta; ella entraba a menudo de improviso, interrumpiendo todas las conversaciones y actividades del paciente y de sus invitados con una mirada fría y desaprobatoria (cf. una descripción similar de la madre del Sr. Z en Kohut, 1971: 81-82).

Otra vez nos encontramos frente a la confusa cuestión de por qué este material esencial no apareció durante el primer análisis del Sr. Z. A decir verdad seguramente apareció pero, lo que es aun más incomprensible, no había conseguido llamar nuestra atención. Yo creo que nos acercaremos a la solución de este rompecabezas, si pensamos que un aspecto esencial de la transferencia quedó inexplorado en el primer análisis. Dicho más claramente: mis convicciones teóricas —convicciones de un analista tradicional que veía el material presentado por el paciente en términos de pulsiones infantiles y de conflictos alrededor de estas pulsiones, y en términos de instancias de un aparato mental unas veces en conflicto, otras en consonancia entre ellas— habían llegado a ser para el paciente una réplica de la psicosis oculta de su madre y de su idea perturbada del mundo a la que se había adaptado en su infancia y que había aceptado como una realidad, actitud de sumisión y de aceptación que repetía ahora conmigo ante las convicciones aparentemente inquebrantables a las que yo estaba ligado.

La mejora que se produjo en el primer análisis debe ser considerada esencialmente como un producto transferencial. En el interior del setting analítico, el paciente se adecuó a mis teorías ofreciéndome temas edípicos. Fuera del análisis, respondía a mis expectativas con la supresión de síntomas (las fantasías masoquistas) y con un cambio de comportamiento que ahora tomaba la apariencia de la normalidad tal como se entendía desde el moralismo de la madurez al que yo me adhería entonces (él pasó del narcisismo al amor de objeto, es decir, que empezó a salir con chicas).

Nos podríamos preguntar si la mejoría del segundo análisis se apoyaba en un mecanismo similar. Dicho de otra forma ¿el único *cambio* consistía en someterse ahora a mis nuevas convicciones? Yo no lo creo. No solamente porque su necesidad de estar conforme –y, en particular, su angustia de no estarlo– fue estudiada y analizada con detenimiento, sino sobre todo porque las emociones intensas que acompañaron las luchas activadas entonces y el entusiasmo con el que estaba enfrentando la vida tenían una profundidad y una autenticidad ausentes durante el primer análisis.

Para ser más precisos: la creciente toma de conciencia de la psicopatología de su madre y de la influencia patógena que ella tenía sobre él, no se podía mantener si no era con un intenso trabajo emocional. La emergencia y el esclarecimiento analítico de este material se interrumpían una y otra vez a causa de serias resistencias que tomaban forma de dudas, motivadas por el miedo sin nombre al que yo he llamado (Kohut, 1977: 104) «angustia de desintegración». ¿Qué realidad era real? ¿La realidad de su madre? ¿La realidad por la que habíamos transitado en el primer análisis? ¿O la de este segundo análisis? Una y otra vez él se debatía en estas preguntas. En su búsqueda de certeza, en particular al comienzo de esta fase de la segunda parte, a menudo iba a parar al hecho de que su madre había desarrollado un conjunto de ideas delirantes que demostraba, sin ninguna duda, que su visión del mundo era errónea. Recordaba sin cesar de qué forma había reaccionado en el momento en que verdaderamente se dio cuenta de que su madre era una enferma mental y de que abrigaba una serie de ideas delirantes. Su primera reacción –reacción que le trastornó mucho en aquel momento pero que, ahora se le hacía inteligible– había sido la de una alegría interior profunda y tranquila. Esta alegría expresaba el inmenso alivio que le proporcionaba el hecho de saber que ahora tenía testigos, al menos potencialmente[2]: no era el único en saber que la forma en que su madre veía el mundo y en particular la forma en que ella se había comportado con él durante su infancia era patológica.

Fue después de haber superado este tipo de fuertes resistencias que los progresos más significativos siempre aparecían, es decir, que podía hacer un nuevo paso hacia la libertad, lejos de la atadura con su madre. Aunque este proceso no se completó hasta mucho más tarde, una cierta disminución de la relación fusión/adhesión con la madre nos permite conside-

---

2. Me estoy centrando aquí en la extrema importancia de las experiencias internas del Sr. Z. Es menos importante, en el contexto actual, saber que tuvo también verdaderos testigos: un pariente que trabajaba en el campo de la salud mental al que pidió ayuda cuando su madre, a causa de sus convicciones delirantes, quiso hacer alguna cosa que hubiera podido tener consecuencias graves.

rar diferentemente dos grupos importantes de experiencias infantiles que yo había interpretado, durante el primer análisis, como las manifestaciones de una fijación o de una regresión a modos infantiles del placer obtenido por la gratificación de pulsiones pre-genitales. Ahora descubrimos el sentido de su masturbación infantil con la fantasía de ser el esclavo de una mujer que le imponía incondicionalmente su voluntad y le trataba como un objeto inanimado, sin voluntad propia, y el sentido de su implicación con la escena primaria: éste era el material sobre el que había sido elaborado el trabajo del primer análisis (del que pensamos entonces que le había guiado hacia una curación). Luego lo vimos todo bajo una apariencia diferente. Allí donde antes habíamos visto obtención de placer, la serie pulsión-deseo y pulsión-gratificación, descubríamos ahora la depresión de un self que, deseoso de asegurarse y de afirmarse, se encontraba desesperadamente atrapado en la organización psíquica del objeto del self. Nos dimos cuenta de que su masturbación y su implicación en la escena primaria nunca le habían aportado placer; más bien al contrario, el estado depresivo había predominado en casi toda su infancia. Puesto que no podía deleitarse ni siquiera en la fantasía, experimentando la dicha de aumentar sus propios límites y su independencia, intentaba obtener un mínimo de placer, el placer sin gozo de la autoestimulación de un self vencido. La masturbación no era, entonces, de origen pulsional; no era la acción vigorosa del self fuerte de un niño sano buscando el placer. Era el intento de obtener temporalmente, estimulando las zonas más sensibles de su cuerpo, el reaseguro de estar vivo, de existir[3].

Recuerdo en particular el momento en el que el Sr. Z conectó con dos recuerdos que estaban relacionados: en el primero, recordó los días de su infancia y del periodo de latencia en que se arrastraba sin sentido por una vida sin placer, repitiéndose que la noche llegaría para poder estar en su cama y masturbarse. Es difícil describir la emoción que acompañaba este recuerdo y cómo demostraba, de forma punzante, la angustia de esa existencia infantil cuyo único consuelo ante la ausencia del sentimiento gozoso del placer de crecer y de hacerse independiente –patrimonio de los niños sanos– era pensar que podría estimular su cuerpo abandonándose a actividades masturbatorias prolongadas y sin fin; pero era incapaz de evitar tomar conciencia de la falta de independencia de su self, tal como evidencian las fantasías maso-

---

3. Los conflictos secundarios a propósito de la actividad masturbatoria nunca fueron muy importantes. Esta ausencia relativa de conflicto se halla habitualmente en individuos en los que las estructuras de personalidad son parecidas a las del Sr. Z. Yo acostumbraba a pensar que esta carencia similar de culpabilidad era más aparente que real, que el análisis debería arrancar las resistencias para permitir al analizado enfrentarse a sus conflictos y curarlos. Pero después de numerosos intentos infructuosos para penetrar en el centro del conflicto y de la culpabilidad, yo cambié de punto de vista. Creo que la carencia de culpabilidad está en consonancia con el hecho de que el padre o madre patógenos tienen al niño en cautividad a causa de su propia necesidad de un objeto del self, no preocupándose en absoluto por la actividad sexual del niño, por más que esto manifieste la depresión frente a esa fusión inquebrantable. Es en el momento en que la actividad sexual del niño se asocia al deseo de independencia, cuando el padre o la madre hacen caer sobre él el peso de la culpabilidad.

quistas que acompañaban estas actividades. En el segundo recuerdo, perteneciente a la capa más profunda del inconsciente revelado durante este periodo, se acordaba no sólo de que antes de la construcción de su sistema fantástico masoquista se había dedicado algún tiempo a la masturbación anal, sino que incluso había olfateado y hasta probado el sabor de sus heces (este recuerdo al principio estuvo acompañado por una enorme vergüenza). Como ya he dicho, la recuperación de estos recuerdos fue en un principio extremadamente dolorosa y la reactivación de la tristeza o de la vergüenza de su infancia aparecían por momentos con una intensidad humillante. Por lo tanto, en el momento en que surgieron estos recuerdos, las experiencias del Sr. Z se volvían soportables, pues había comprendido por vez primera, gracias a una verdadera relación armoniosa con otro ser humano, que estas actividades infantiles no eran indecentes ni repugnantes, sino que habían sido débiles tentativas para experimentar el sentimiento de existir; eran un residuo de la vitalidad de un self rudimentario que entraba al fin en un proceso de delimitación firme. En otras palabras, comprendía por fin que estar separado de su madre no era ni malo ni peligroso, sino que era necesario para su salud.

También reevaluamos las experiencias de la escena primaria y finalmente comprendimos su significado principal, al entender que pertenecían a la depresión que había dominado su infancia. Su implicación en la escena primaria no era la manifestación de la curiosidad sexual normal de un self fuerte e indagador, aquella que podría generar problemas cuando las prohibiciones provenientes de los objetos incestuosos odiados/amados crean conflictos que el niño es incapaz de resolver y, por consiguiente, reprime. Para el Sr. Z, la escena primaria era al principio una experiencia excitante, confusa, que entendía como un deseo de ser absorbido por las actividades de su madre. Y él se sometía a este deseo de una forma sexualmente masoquista, renunciando a su independencia.

La segunda fase de este segundo análisis no puede, por supuesto, ser separada claramente de la primera, pero, tomado en conjunto, ésta se diferenció de la anterior en su tono emocional. Los elementos depresivos retrocedieron y los anhelos activos, las demandas intensamente sentidas y vigorosamente expresadas, y una vitalidad en aumento, confianza y esperanza eran ahora evidentes. Simultáneamente, el contenido de sus comunicaciones cambió; de la preocupación casi exclusiva anterior con la madre giró a pensamientos que involucraban a su padre.

Por poner un ejemplo, seguía hablando de las relaciones sexuales de sus padres. En la fase precedente él había considerado casi nula la participación de su padre; en esa época mis esfuerzos por poner el énfasis en que la madre y el padre habían participado juntos en la cópula no había evocado ninguna contestación significativa de él; en cambio sus asociaciones actuales (recuerdos directos y, de vez en cuando, fantasías transferenciales sobre la vida sexual del analista), empezaron a dirigirse espontáneamente cada vez más hacia el papel de su padre. Al principio el afecto que acompañaba el trabajo analítico en esta área era, de nuevo, de depresión y desesperación; en otras palabras, el estado de ánimo que había prevalecido durante la primera fase era todavía el mismo. Pero su desesperación no era ahora tan difusa como lo había sido antes y se vinculaba cada vez más a preocupaciones precisas y concretas: que su padre era débil, que la madre dominaba y lo sometía. En este momento también habló brevemente de cosas pasadas en relación con el viejo amigo escolar que, al alejarse de él y de su madre, parecía haber provocado el desequilibrio psíquico que lo había incitado a buscar ayuda analítica en la primera ocasión. A pesar de la importancia que el apoyo que había obtenido de la relación con este amigo era grande para él, y a pesar del hecho que nosotros pudiéramos entender su naturaleza sin mucha dificultad –se trataba en esencia de un soporte mutuo de tipo gemelar– este tema no permaneció activo mucho tiempo y el sentido de su emergencia en aquel momento permanecía incierta. A continuación fue reemplazado por un periodo de fuerte implicación transferencial, que tomó la forma específica de la necesidad de saber más de mí. Dicho en otras palabras, con continuas referencias a la escena primitiva y con quejas sobre la debilidad de su padre y sobre la falta de interés del padre en él, empezó a expresar intensa curiosidad sobre mí. Quiso saber sobre mi pasado, en particular sobre mi vida temprana, mis intereses, mi educación; quiso saber de mi familia, la naturaleza de la relación con mi esposa y si yo tenía niños. Al interpretar sus preguntas como un reavivamiento de su curiosidad infantil y señalar las conexiones asociativas con la vida sexual de sus padres, se deprimió y dijo que yo lo entendía mal. Sin embargo, no se desarrolló ningún callejón analítico sin salida. Aunque yo no accedí a sus demandas de información específica sobre mí, en cambio le dije que su interés de conseguir conocerme estaba ciertamente arraigado a un deseo antiguo, y acepté, después de escucharlo más profundamente y observar sus reacciones, que yo tenía que estar de acuerdo con él en que el término «curiosidad» que yo había estado usando no era el más adecuado, que lo que él estaba experimentando ahora no era un reavivamiento del voyeurismo sexual de su niñez, sino que se trataba de alguna necesidad diferente. Finalmente aventuré la suposición de que era su necesidad de un padre fuerte lo que yacía detrás de sus preguntas, que él quería saber si yo también era un hombre débil, dominado en la relación con mi esposa, incapaz de ser el idealizable apoyo emocional de un hijo. El resultado de este cambio en mi acercamiento interpretativo fue una disminución espectacular de su depresión y desesperación. Cesaron sus demandas de que le proporcionara información personal sobre mí, hasta tal punto que vivió la firmeza amistosa con la que yo me había negado a acceder a sus preguntas como un auténtico recurso de mi personalidad, en definitiva como una señal de mi fortaleza, y se contentó con ciertos retazos de información que él había obtenido accidentalmente o por deducción, por ejemplo mi interés en arte y literatura, y dedicó un tiempo a expresar su impresión de que mi amor por el mundo de la mente no era una retirada motivada por incapacidad para competir con lo real, sino que era compatible con la virilidad y el coraje.

Como en el primer análisis, cuando nuevamente se refirió al monitor del campamento habló de su amigo con afecto y respeto, no expresó remordimientos sobre las actividades homosexuales en las que habían entrado, pero vio su relación con él como una amistad enriquecedora con un hombre fuerte y admirado. En general yo tendía a coincidir con la valoración del Sr. Z, diferente, en otras palabras, de la comprensión de esa amistad que yo comuniqué en el primer análisis, a saber, que había representado una regresión a la madre fálica; yo estaba de acuerdo ahora en que su amigo había sido la anhelada figura de un hombre paternal fuerte, quizás el hermano mayor admirado que él nunca había tenido. Discrepé con él, sin embargo (aunque no me extendí en este aspecto, sólo lo mencioné una vez, brevemente), sobre la inocuidad del aspecto sexual de la relación. Yo pensé, en otras palabras, y continúo inclinado hacia este punto de vista, que el Sr. Z habría obtenido beneficios más duraderos de la amistad con este hombre, que hasta donde yo puedo juzgar era una persona notable, si su unión hubiera permanecido libre de los contactos sexuales. (Podríamos agregar que, al no haberse producido ningún conflicto homosexual durante la reactivación transferencial de la relación, queda en evidencia que yo estaba equivocado y que el paciente tenía razón.)

Sea por lo que fuera, el análisis tomó un nuevo giro en este punto: se abordó por primera vez, directamente, la persona del padre del Sr. Z, que había sido hasta ahora una figura oscura, a pesar de mis esfuerzos interpretativos durante el primer análisis para desactivar las resistencias que, tal como yo entonces creí, escudaban sus desengaños narcisistas por temor a tomar conciencia de la existencia de un rival edípico poderoso. Por primera vez el Sr. Z empezó a hablar sobre los rasgos positivos en la personalidad de su padre, esta vez con una luz de felicidad, de satisfacción.

Éste fue, tal como se puede ver retrospectivamente, el momento crucial del tratamiento, el punto en el que se podría decir que se tomó el camino hacia la salud emocional. Sin embargo no era un camino fácil. A medida que el análisis avanzaba hacia las siguientes etapas, el desplegamiento del principal tema, la reconstrucción de un padre fuerte, se iba interrumpiendo por ataques periódicos de severa ansiedad, incluyendo un número de experiencias aterradoras, casi psicóticas, en las que se sintió a sí mismo desintegrándose y asaltado por preocupaciones hipocondríacas. En tales ocasiones soñaba con países desolados, ciudades incendiadas, y lo todavía más perturbador, en montones de cuerpos humanos apilados como los que había visto en imágenes por TV de campos de concentración. La última imagen era especialmente horrible porque, tal como la describió, él no estaba seguro sobre si los cuerpos eran de personas muertas o de personas todavía algo vivas. Aquí tendríamos que agregar que, durante esta fase del análisis, ni el paciente ni el analista estábamos angustiados por una posible desintegración prolongada o irreversible, como quizá se podría esperar a partir del alarmante contenido de numerosas sesiones. Es indiscutible que nuestra tolerancia ante la emergencia de aquel material estaba esencialmente conectada con nuestra siempre presente y continuada profundización de su sentido y significado: que el Sr. Z estaba entonces renunciando a su self arcaico, (conectado con el objeto del self madre) que siempre había considerado su único self, en preparación de la reactivación del hasta entonces desconocido self nuclear independiente (cristalizado alrededor de una relación con el objeto del self padre, hasta entonces no reconocida).

Sólo una vez, sí apareció la madre en un sueño. Aunque el contenido visual del sueño era en sí mismo completamente inofensivo (el perfil de la cabeza de su madre, estando de espaldas ante él), fue vivido con la ansiedad más profunda que jamás había sentido. Nuestro siguiente trabajo, que continuamos durante varias sesiones, aclaró el sueño en una profundidad considerable. Al nivel más accesible el sentido era simple: la madre le estaba dando la espalda; lo estaría abandonando porque él se estaba acercando a su padre. Sin entrar en detalles acerca de sus asociaciones, podría añadir que, en relación con la interpretación del sueño que fue sugerida por el paciente sin ninguna aportación de mi parte, el Sr. Z trajo varios ejemplos —recuerdos de su infancia y de más tarde— de los gélidos replegamientos de su madre con respecto a él, cuando intentaba ganar peldaños de independencia, en particular de independencia de su virilidad. En las anteriores ocasiones el paciente siempre había respondido a esta señal con un retorno emocional a la madre.

El sentido profundo del sueño estaba contenido en su parte invisible: se refería a lo no visto, a la invisible imagen frontal de la madre. Cuando intentó pensar en ello, imaginar qué podría representar, sintió una intensa ansiedad; y nunca podía encontrar palabras para expresar lo que podría ver. Al hablarle del horror de la castración, de la visión de la pérdida de los genitales externos, de las fantasías de sangre y de mutilación que los niños se forman combinando la visión de la sangre menstrual y de la vulva, el paciente rechazó estas sugerencias. Aunque aceptó que las imágenes de mutilación, castración, y sangre estaban relacionadas con el horror innombrable, estaba seguro que éste no era el origen de su terror. Pese a que él, por sí mismo, no fue nunca capaz de formular su terror de una manera concreta, cuando yo sugerí que la madre podría no haber perdido su pene sino su cara, no objetó nada y reaccionó con un silencio prolongado, del que salió con un humor más relajado. Pienso que el terror arcaico que él sintió desafiaba cualquier posibilidad de verbalización, y creo que mi intento de definirlo estuvo suficientemente cerca de la realidad psíquica de su experiencia como para permitirle un mayor grado de dominio. En definitiva, expresado en los términos más objetivos, la conclusión a la que finalmente llegamos fue que la parte invisible de la madre representaba su personalidad distorsionada y su patológica manera de ver al mundo y a él. Estos aspectos, en otras palabras, no sólo habían estado prohibidos, sino que su reconocimiento podía comprometer la integridad de su self, tal como él lo conocía. El sueño expresaba su ansiedad al darse cuenta de que la convicción acerca de la fuerza y el poder de su madre era sólo una ilusión. Y éste era, precisamente, un convencimiento en el que se había basado un sector de su propia personalidad entretejida con la de ella.

Para ser claros y evitar una complejidad innecesaria, describiré ahora el proceso de rehabilitación de la relación infantil del Sr. Z con su padre durante el análisis, como si esto hubiera empezado en el punto concreto de la elaboración de la ansiedad recién mencionada y las defensas movilizadas, y cómo llegó a su finalización claramente definida. En realidad, el acercamiento del Sr. Z hacia su padre, y la recuperación de los recuerdos acerca de él, se hizo paso a paso, estando cada movimiento precedido y seguido por renovados miedos y resistencias. Dado que la relación entre el análisis de la transferencia y el recuerdo de datos genéticos es bien conocida, no es necesario describir los detalles de los fenómenos transferenciales, en el sentido restringido del término, que se pusieron en evidencia en este periodo. Es suficiente decir que la emergencia de recuerdos infantiles con tonalidad positiva acerca de su padre fue precedida y acompañada por una idealización mía, incluida, tal como se podría esperar, la idealización de mi competencia profesional. Y tampoco tiene que sorprendernos, en este contexto, que el Sr. Z expresara en aquel momento el deseo de ser analista, deseo que, tendríamos que añadir, desapareció espontáneamente muy pronto.

Entre los recuerdos que entonces aparecieron, se detenía especialmente en unas vacaciones de esquí de dos semanas que se tomó con su padre, en una estación de Colorado, cuando tenía nueve años (probablemente estaban sólo su padre y él, porque su madre se hallaba entonces cuidando a la abuela materna que padecía una enfermedad terminal). Estos recuerdos son de una significación decisiva porque conciernen a dos importantes aspectos: el descubrimiento de que su padre, aparentemente débil y borroso, poseía realmente ciertos valores excelentes, incrustados en su bien definida personalidad, y su creciente conciencia de que abrigaba desde niño una intensa necesidad de descubrir alguna cosa acerca de su padre, para aclarar un secreto concreto que le tenía perplejo.

Acerca de las características positivas de su padre, sobre las que hablaba ahora con un creciente brillo de alegría, tengo que decir que, en la medida en que lo puedo juzgar, el Sr. Z no describía cualidades sobresalientes, y que por tanto había una clara discrepancia entre el entusiasmo que se desprendía de él y el hecho objetivo. Pero el padre del Sr. Z realmente parece que fue un buen esquiador y que también tenía algo de hombre de mundo. Sabía cómo tratar a los camareros y al personal del servicio de habitaciones, y pronto se rodeaba de un círculo de seguidores que estaban fascinados por sus historias, y que parecía que le admiraban. Al escuchar sus conversaciones telefónicas y al oír sus comentarios sobre lo que leía en el periódico, el paciente pudo también hacerse una idea de sus actividades de negocios. A partir de esto pudo admirar su resolución, su perspicacia y demás habilidades en este área. Ahora bien, la esencia psicológica de esta fase del análisis no residía en el descubrimiento de cualquiera de las sorprendentes cualidades de su padre, ni en la época temprana de la que hablaba, ni en su evaluación retrospectiva, sino en el rescate de la conciencia intensamente vívida de que su padre fue un hombre independiente que tuvo una vida independiente de la vida de la madre. Es decir, que la personalidad de su padre, a pesar de sus defectos, no era ni mucho menos tan distorsionada como la de su más poderosa madre. Añadiré aquí que mis interpretaciones en esta fase, tanto las concernientes a la trasferencia idealizada como las de la recuperación de los rasgos positivos de su padre, estaban focalizadas en el sentido que estos dos tipos de experiencias tenían para el paciente. Ya no le confrontaba con la realidad de mis defectos ni de los de su padre, sino que me limitaba a transmitirle mi comprensión de sus necesidades, tanto en su infancia como ahora reviviéndolos en la transferencia, de un hombre idealizado a quien poder admirar, y de quien poder estar orgulloso.

El contenido de esta fase del análisis (el Sr. Z despegándose de su madre y dirigiéndose hacia su padre) y especialmente la intensidad de las ansiedades y resistencias que tuvimos que enfrentar, habían sido imprevisibles. Yo me sentí, sin embargo, todavía más sorprendido por lo que siguió. Después de haberse demorado brevemente con asociaciones sobre los sueños y acerca de vivencias en relación con la escena primaria cuando tenía cinco o seis años, empezó a quejarse de lo poco que conocía a su padre. A continuación de un breve periodo de fantasías transferenciales, expresó repentinamente la sospecha de que su padre había tenido una amiga y que esta amiga había estado en las vacaciones de Colorado. Aunque nunca pudimos salir de la duda sobre si esta sospecha era cierta, yo pensé, y el Sr. Z estuvo de acuerdo, que sí teníamos indicios a favor de ello. El paciente no tenía, salvo una excepción, ningún recuerdo de ninguna mujer concreta a la que su padre se pudiera haber acercado. La excepción se refería a un pequeño pero notable suceso. No había indicios manifiestos de que a la emergencia de este recuerdo se opusieran resistencias; pero es seguramente significativo que sólo apareciera después de que todos los otros recuerdos acerca de la estancia en Colorado hubieran sido comunicados. Como el paciente recordó, fue el último día de su estancia en el hotel que su padre, por primera y última vez, se llevó al chico al bar por la noche. Aunque su padre no era en general un gran bebedor, parecía ir algo entonado aquella noche –el chico, a pesar de una cierta incomodidad, reaccionó a la travesura de su padre con orgullo– y en un determinado momento se incorporó a la pequeña orquesta y ocupó el lugar del cantante. Hubo aplausos de los otros invitados, y su padre recibió muchas felicitaciones, especialmente de una mujer en particular, que vino a la mesa y tuvo una breve charla con el chico. El Sr. Z pensó ahora que esta mujer podía bien haber tenido una especial relación con su padre; e incluso especuló si ella podía haber sido la enfermera que se había llevado a su padre de casa cuando el paciente era pequeño.

Sea por lo que fuere, el paciente nunca mencionó el episodio a su madre cuando, al volver, respondía a las preguntas sobre las vacaciones. Aunque su padre nunca le pidió específicamente que cuidara de no mencionar este episodio, el paciente sintió que había un acuerdo tácito entre ellos en no decir nada. Más sugestivo, y quizás el único elemento de prueba sobre la sospecha del Sr. Z de que el papel de la mujer del bar no era únicamente debido a falsificaciones endopsíquicas, sino que ella era en realidad «la otra mujer» en la vida de su padre, fue que entonces recuperó algunos sueños de su primer análisis, sueños que ahora tomaron un nuevo significado y se convirtieron en comprensibles. El único punto en común de estos sueños es que contenían la imagen de una mujer desconocida. Cuando el Sr. Z trajo estos sueños al primer análisis, no había podido nunca aportar asociaciones que ayudaran a esclarecer esta figura, salvo que aquella mujer era delgada, similar en apariencia a la mujer de Colorado, y, a diferencia de la mujer de Colorado, iba vestida como una mujer trabajadora, cosa que no era propia de su grupo social. Mi conclusión durante el primer análisis había sido que la mujer representaba la figura degradada de la madre del paciente y que éste, cuando se acercaba a las fantasías sexuales incestuosas, producía una imagen desvalorizada de ella, lo que aproximadamente correspondería al «splitting» de las aspiraciones amorosas del hombre que Freud (1912) describió.

Hay pocas cosas más a decir acerca de este periodo del análisis, periodo que marcó el inicio de la fase final. Sin embargo, no estaría de más enfatizar que bajo mi punto de vista, a pesar de que cuando ocurrió el episodio de las vacaciones el Sr. Z tenía ya 9 años (es decir que, según la psicología pulsional, se hallaba en la fase de latencia), este material representa, en términos de la estructura de personalidad del Sr. Z, el plano reprimido más profundo. Baso mi opinión en el hecho de que, como he mencionado antes, este enjambre de recuerdos fue el último al que él tuvo acceso, y que se consiguió después de haber superado las importantes resistencias que nos habíamos encontrado y que el final de este proceso de recolección y elaboración, señaló el principio de la fase final del análisis. Sin duda podría ser sostenido por otros analistas que estos recuerdos no eran más que derivaciones: una tapadera para ocultar un material inconsciente más profundo, correspondiente al periodo edípico clásico, valorando que el triángulo de los nueve años no era más que una réplica inofensiva de una tríada previa, vivida cuatro o cinco años antes. Yo consideré esta posibilidad, por supuesto, pero llegué a la conclusión, tal como me ha sucedido en situaciones análogas en otros casos similares, que ya no quedaban conflictos edípicos patogénicos escondidos. Y, a diferencia del tono emocional con que se recubre la reactivación de las vivencias edípicas en las neurosis estructurales, los recuerdos del Sr. Z no iban acompañados por un sentimiento de rivalidad desesperanzada con el padre, sino de estar orgulloso de él. Ni siquiera había depresión ni sentimiento de inferioridad, que son desbordamientos de las emociones de un niño derrotado por el adulto varón, sino el destello de alegría y la vigorizante sensación de haber encontrado, finalmente, una imagen de fuerza masculina con la que fusionarse temporalmente, para afirmar así la estructura de su self y convertirse, él mismo, en un centro independiente de fuerza e iniciativa. Y ello no venía unido a sentimientos de desesperanza y ansiedad, sino a una sensación de optimismo y vitalidad. El analista-padre era vivido como fuerte y masculino, lo que llevó a que el analizante-hijo se viviera de igual forma.

El verdadero principio de la fase final fue marcado por el retorno del paciente a un análogo momento del análisis precedente; me refiero al sueño que había puesto en marcha el proceso que condujo a la terminación del primer análisis, aquél de la vuelta de su padre, cargado con paquetes que contenían regalos para el paciente, y en el que éste se esforzaba desesperadamente en cerrar la puerta en contra de la presión que ejercía su padre. Ante mi sorpresa, el paciente presentó asociaciones que arrojaron una iluminación totalmente diferente del sentido que nos produjo en la etapa anterior. Recordemos que en el primer análisis nos había parecido que, en este punto, había una clara manifestación de la ambivalencia del niño ante el rival edípico, que temía que pondría fin a su casi exclusiva posesión de la madre y lo destruiría. Ahora el recuerdo de este antiguo sueño emergió no para iniciarnos en un nuevo periodo de elaboración, sino como resultado de un proceso elaborativo conducido exitosamente. La aparición del sueño constituyó, por así decirlo, como un premio: fue la prueba confirmatoria de que el material con el que habíamos estado luchando en el año precedente había tenido realmente una importancia crucial. Es en consonancia con este punto de vista que el despliegue del proceso por el cual tuvo lugar el re-análisis de este sueño se basó en dolorosas asociaciones, y tropezó con resistencias. En efecto, en el transcurso de este segundo análisis hubo asociaciones que le condujeron al mismo. Y también surgieron en ulteriores sesiones, entremezcladas con reflexiones acerca del mismo y con fragmentos de sueños actuales de entonces, asociaciones que trataban fugaces miedos transferenciales relacionados conmigo, es decir, para ser exactos, con relación a la imagen del analista. Por otro lado, la emergencia de este material se realizó prácticamente sin oposición. Era como si el trabajo decisivo que conducía a los insights significativos de aquel momento ya estuviera hecho, de manera que las asociaciones no eran nuevos pasos en el camino sino la confirmación evidente de una nueva explicación ya preconscientemente establecida.

El nuevo sentido del sueño, tal como el mismo paciente elaboró a través de sus asociaciones, puesto en palabras mías, no sería una representación de los impulsos agresivos del niño contra el adulto masculino acompañada por el miedo a la castración, sino la representación del estado mental de un niño que ha estado largo tiempo sin padre; de un chico deprivado de la sustancia psicológica con la que, a través de las innumerables observaciones de los valores y defectos del padre, podría haber construido, paso a paso, el núcleo de un self masculino independiente. Cuando el padre repentinamente volvió a tomar su posición en la familia, el paciente se vio expuesto a una situación espantosa. El peligro al que se enfrentaba ahora no lo era –como antes– para su cuerpo, sino para su mente. Se erigió un estado traumático del que el sueño constituía sólo una tenue réplica, un estado traumático que amenazaba no la supervivencia física sino la psicológica. Habiendo estado sin su padre durante el periodo en que el self masculino se adquiere y se refuerza a través del objeto del self masculino propio de esta etapa evolutiva, la necesidad por parte del niño de un padre, de sustancia psicológica masculina, era enorme. Por ello no se había ido formando gradualmente un self independiente y el tipo de existencia psicológica que había tratado de construir estaba enraizada en su apego a la madre. En su esclavitud trató de conseguir cierto placer pulsional, pero no la estimulante alegría que ofrece la experiencia de un self sexual activo e independiente.

La vuelta de su padre lo había puesto de repente en contacto con la satisfacción potencial de una necesidad psicológica central. Así como una interpretación correcta pero no empática puede ser sobrecargante y exponer al analizante a un estado traumático (véase Kohut 1971: 232-5), él había estado expuesto, en mil ocasiones, a un estado traumático, al serle ofrecido, de manera repentina y aplastante, todos los regalos psicológicos por los que tanto había anhelado en secreto, regalos que además él necesitaba alcanzar. El padre, cargado con paquetes, tratando de entrar, y el hijo defendiéndose desesperadamente ante la entrada del padre. Incluso teniendo en cuenta que algunas de las asociaciones del Sr. Z tocaban indirectamente sistemas intermediarios de material psicológico relacionado con temas homosexuales, particularmente con relación a su vínculo en ese sentido durante la preadolescencia, este sueño trata en esencia el desequilibrio psico-económico de mayor proporción al que la psique del niño estaba expuesta ante los deseos intensos de regreso del padre, y no está centrado en la homosexualidad, específicamente no en la homosexualidad reactiva pasiva de origen edípico.

Familiarizado como estoy con la tendencia de la psique a responder a los estados traumáticos con varias formas de sexualización –erotizando la tarea psicológica agobiante (véase Kohut, 1971)– yo estaba alerta a que el Sr. Z podría haber desarrollado deseos o fantasías de penetración anal por su padre, o lo que es lo mismo, de obtener sustancia psicológica masculina por medios pasivos. Sin embargo no pude tener evidencia de tales fantasías ni en la transferencia ni en la emergencia de recuerdos de su infancia o adolescencia. El contenido manifiesto de este sueño, como la multiplicidad y distribución espacial de los regalos con los que su padre iba cargado, como dije antes, invita a la comparación con la rica y detallada descripción de las pertenencias de la figura del padre en el primer sueño del segundo análisis, y el modo real de contacto corporal con el monitor (abrazándose, besándose, oliéndose) indica que su necesidad por afirmar un self independiente había estado focalizada sobre todo en la absorción del objeto del self a través de la piel, y en menor grado a través del aparato respiratorio y de la boca. Podría añadir aquí de pasada que, en el análisis de homosexuales, la naturaleza de su relación de objeto del self y del tipo de transferencia –especular, gemelar o idealizadora– se puede deducir con frecuencia de la descripción del paciente de las actividades homosexuales que realiza o que desea.

Retrospectivamente no es difícil ver el giro que tomó el desarrollo psíquico del Sr. Z en este punto. No queriendo resignarse a renunciar a su self independiente para siempre y, precisamente por eso, enfrentándose a la imposible tarea de hacer el trabajo de años en un momento, empezó a vivirse a sí mismo de dos maneras diferentes y separadas; de tal forma que podríamos decir que su personalidad estableció una escisión vertical. Permanecía adherido ostensiblemente a la madre, presentaba una personalidad que estaba imbricada con la de ella, y se sometía al papel de ser su falo. Y al lado de este sector de su personalidad que formaba parte del de la madre y de su patología (que abiertamente exhibía la grandiosidad que le era concedida por su madre en tanto él no se separara de ella), había otro sector separado por el muro de la denegación (repudiación). En esta silenciosa pero esencial zona, había preservado las idealizaciones que mantenían un vínculo con su padre, después de haber ocultado los recuerdos acerca de la fuerza de la figura paterna sobre los que aquellas idealizaciones se habían basado. Idealizaciones que habían sido reprimidas en su conjunto y que fueron adquiridas al final de su infancia como resultado de no haber fracasado totalmente en su intento de discriminarse de su madre y construir tardíamente un self masculino independiente.

En este punto tiene cierta importancia teórica el enfatizar que el encuentro relativamente exitoso con su padre cuando el Sr. Z tenía 9 años no fue, por supuesto, la primera relación con un objeto del self precursora del establecimiento de la estructura del self en este sector de su personalidad. Aunque todo parece indicar que este encuentro fue realmente el más importante de su infancia, y que no era sólo una pantalla de otro episodio anterior y aún más significativo, el perfil de un self independiente se había formado mucho antes en su vida. Las vicisitudes de un rudimentario self, que vacilantemente se formó durante los primeros años de su vida, no jugaron un papel significativo en este análisis. Aún así, podemos deducir de la información que obtuvimos sobre su primera infancia que no sólo su padre y abuelo materno, sino que incluso su madre, especialmente cuando era más joven, habían contribuido a la formación del self nuclear que yacía inactivado por la represión en el sector escindido de su personalidad. El acontecimiento de los 9 años fue importante porque entonces su self independiente obtuvo el suficiente refuerzo como para permitir su liberación y activación psicoanalítica. Se podría añadir aquí que, en la mayoría de las situaciones de condensación, (Kohut, 1971) el acontecimiento que deviene representativo de anteriores y posteriores sucesos de significado análogo es aquel a través del cual se establece una estructura de manera casi exitosa, aunque no suficientemente sólida como para reafirmarse a través de las acciones.

Las necesidades que estaban activas en la capa de la psique bajo esta escisión horizontal, es decir reprimidas, y los recuerdos de las experiencias que estaban asociados con estas necesidades salieron al primer plano sólo en dos ocasiones: durante la preadolescencia en la relación con el monitor, la cual (como estoy inclinado a pensar, a causa de su sexualización) no condujo a una verdadera construcción estructural ni a resultados buenos; y durante el segundo análisis cuando las interiorizaciones transmutadoras, gradualmente conseguidas a través de la minuciosa elaboración de una transferencia idealizadora, condujeron, tal como era de esperar, a la consecución sólida y permanente del proceso que había quedado inacabado en la infancia.

La fase final del análisis fue comparativamente breve y sin incidentes destacados. Aunque habíamos acordado provisionalmente un año antes que aquel podía ser el último año, la definitiva decisión de acabar nuestro trabajo al principio de las vacaciones de verano la tomamos tres meses antes. Las importantes regresiones que se pueden esperar al final de los análisis extensos no se produjeron en el caso del Sr. Z; ni resurgieron los antiguos síntomas (en particular el masoquismo sexual), ni la vivencia de ansiedad grave en relación con la pérdida del soporte que daba mi presencia. Hubo un corto periodo, quizás unas tres semanas, en que se sintió triste por perderme, junto con el pesar, hasta entonces no expresado tan clara-

80

mente, con relación al hecho de que su padre había muerto y que por tanto no existía la posibilidad de desarrollar una relación amigable con él, de hacerle sentirse orgulloso de él y de sus logros. Y durante unas pocas sesiones me expresó una rabia considerable al considerar que yo le había fallado en un principio, como su padre en su infancia, de manera que su análisis había durado más de lo que debiera, siendo ahora mayor de lo que tenía que haber sido al alcanzar la etapa de desarrollo actual. Pero los últimos meses de análisis no estuvieron completamente ocupados por temas retrospectivos; hubo también pensamientos acerca del futuro (planes de trabajo y de casarse y tener hijos). En este contexto predominaban fantasías sobre la relación con su hijo; en cambio no habló mucho sobre el tipo de mujer que esperaba encontrar y de la vida que podría llevar con ella.

Durante las últimas semanas de su análisis me impresionó el aumento de su empatía y su actitud de tolerancia ante las insuficiencias de sus padres. Incluso, en relación con las distorsiones de la personalidad de su madre, que tan nociva influencia habían ejercido en su desarrollo, el Sr. Z podía expresar una cierta comprensión y hasta compasión. E incluso fue capaz de ver, sin los rastros de idealización con los que había empezado su primer análisis, las características positivas de su personalidad. Sin ninguna tendencia a la fusionalidad, sino más bien con una firme conciencia de su individualidad y masculinidad, pudo reconocer que su madre, a pesar de su grave psicopatología, había hecho mucho por él. No sólo hizo la conjetura de que durante su primera infancia había sido una buena madre cuya sana especularidad le había suministrado un núcleo de vitalidad que, mucho más tarde, le había permitido insistir en la búsqueda de la salud emocional a pesar de los graves obstáculos que se encontró en el camino, sino que también reconoció que muchos de sus mejores recursos, implantados en su personalidad en la tardía infancia, incluidos aquéllos que le permitieron ser competente y creativo en su trabajo, provenían de ella. Ambos fuimos concluyendo en este sentido que su madre había sufrido un silencioso pero maligno cambio de personalidad (quizá como consecuencia del deterioro de su relación con el padre del Sr. Z), pero a pesar de las graves distorsiones de su conducta, descubrimos durante el segundo análisis que había conservado a lo largo de toda su vida, incluso después de haber desarrollado una psicosis paranoide encapsulada, no solamente un espíritu sano y vital en relación con aquellas áreas ajenas a sus percepciones interpersonales distorsionadas, sino hasta una cierta firmeza, autenticidad y realismo.

En definitiva, pienso que sólo entonces entendí cómo la estructura del self del Sr. Z, tal como se perfiló claramente durante las últimas semanas de su análisis, estaba genéticamente relacionada con la personalidad de sus padres. Su logro psicológico más significativo en su análisis fue romper los profundos lazos fusionales con su madre. Pero a pesar de dicha ruptura, no sólo retuvo el talento y las capacidades que ahora le permitía ser eficiente en su profesión, sino también los contenidos específicos de las ambiciones e ideales que habían determinado su elección profesional y habían convertido su trabajo en algo emocionalmente significativo para él (aunque estos talentos, capacidades, ambiciones e ideales hubieran surgido a partir de la matriz de la relación fusional con la madre, actualmente abandonada). Ni sus más importantes talentos y capacidades ni el contenido de sus ambiciones e ideales fueron, por tanto, primariamente influidos por la personalidad de su padre. Estos tres componentes de su self (talento, capacidad e ideales) presentaron cambios decisivos durante el análisis. Elaborar la relación transferencial conmigo le permitió restablecer el vínculo con la masculinidad e independencia de su padre, y de esta forma el núcleo emocional de sus ambiciones, ideales, y capacidades básicas fue decisivamente modificado, aunque su contenido permaneció inalterado. Pero ahora él experimentó los recursos de su personalidad como propios, y persiguió los objetivos de su vida no con sumisión masoquista (tal como había sucedido en el primer análisis), sino con la alegría que corresponde a las actividades de un self independiente.

Cuando el análisis llegaba al final, el paciente se fue sintiendo con un ánimo tranquilo y amigable. No estaba metido en ninguna relación significativa en aquella época; ciertamente durante el segundo análisis no había tenido relaciones intensas o significativas, aunque había tenido cierto número de relaciones con mujeres con un componente sexual satisfactorio. Pero hablaba poco acerca de ello; el trabajo analítico que le condujo a la cristalización de su self autónomo le absorbió plenamente. Conocí por supuesto bastante sobre su vida cotidiana durante los años de análisis, pero más acerca de su trabajo profesional que de sus relaciones personales. Durante el último año de su análisis hablaba de vez en cuando de sus planes de un trabajo importante que quería emprender, planes que, tal como supe más tarde, acabaron fructificando y lo confirmaron como un profesional prometedor en su campo. Al acabar el análisis, aunque pensé que el área de las relaciones interpersonales nunca jugaría el papel dominante que sí tiene para la mayoría de las personas, y que por tanto no sería en este sector donde obtendría sus más satisfactorias experiencias, percibí que el área narcisista-creativa de su personalidad, con ricas dotaciones, se había establecido con firmeza de forma suficientemente libre y segura, como para justificar la confiada esperanza de que podría llevar una vida satisfactoria y alegre.

Han pasado unos años desde el final del análisis y, a excepción de alguna felicitación de Navidad (la primera un año y medio después de la terminación del análisis, diciéndome que se había casado recientemente; otra, algunos años más tarde, anunciando el nacimiento de una hija), no supe nada del Sr. Z de manera directa. En cambio sí tuve alguna información indirecta a través de un paciente en análisis que trabajaba con él, en una posición jerárquica inferior. Este joven paciente, que por otro lado no sabe que fui el analista del Sr. Z, le admira enormemente. Dado que su relación con el Sr. Z forma parte de una transferencia idealizadora colateral, sus informaciones acerca de él no se pueden tomar al pie de la letra. Sin embargo a través de esta fuente sé que el trabajo del Sr. Z es reconocido como sobresaliente en su campo, y que es un estimulante profesor. A través de otra persona supe bastante sobre la personalidad de la mujer con la que se casó. Parece ser equilibrada, cariñosa y sociable, sin los rasgos paranoides y de necesidad de control que habían caracterizado a la madre del Sr. Z. Aunque trabaja en el mismo campo que él, ella es más lo que se podría denominar una mujer mundana que intelectual. Llegué a la conclusión de que el Sr. Z había escogido una pareja que poseía las mejores características de su padre, incluidas en una matriz de feminidad. Y tuve la certeza de que había hecho una buena elección.

RESUMEN

Tal como dije al inicio, el caso precedente fue presentado para apoyar el postulado de que la nueva psicología del self es útil en el área clínica, y que nos permite percibir significados, o dar sentido a estos significados, que anteriormente no eran percibidos por nosotros, al menos no conscientemente. Ésta no es una exposición teórica de la psicología del self; el desarrollo teórico correspondiente se puede hallar en otras partes (especialmente en Kohut, 1971, 1972, 1977, y en Kohut y Wolf, 1978). Para ayudar al lector, adjunto un resumen-diagrama de la psicopatología del Sr. Z tal como la percibí en sus dos análisis. Por lo demás, espero que la presentación del caso hable por sí misma.

1) Tal como fue visto en términos clásicos dinámico-estructurales en el primer análisis:

Grandiosidad y arrogancia manifiestas debidas a una fantaseada victoria edípica
BARRERA REPRESIVA
Ansiedad de castración y depresión debidas a una derrota edípica real

El trabajo analítico fundado en el concepto dinámico-estructural clásico, se hace durante el análisis sobre la línea «BARRERA REPRESIVA».

2) y tal como fue visto en el sentido estricto de la psicología del self en el segundo análisis:

	ESCISIÓN VERTICAL	
Arrogancia manifiesta, superioridad, aislamiento basado en la persistencia de una fusionalidad (no defensiva) con la madre idealizada. La madre confirma la superioridad del paciente sobre el padre, conduciendo al paciente a quedar como un apéndice de la madre.		Baja autoestima, depresión, masoquismo, idealización (defensiva) de la madre.
		BARRERA REPRESIVA
		Idealización (no defensiva) del padre; rabia contra la madre; autoafirmación de la sexualidad masculina y del exhibicionismo

El trabajo psicoanalítico basado en la psicología del self se realiza en dos etapas.

La primera se hizo en la línea indicada como «ESCISIÓN VERTICAL»: El Sr. Z enfrenta los miedos a perder la fusión con su madre, perdiendo así su self tal como él lo conocía.

La segunda etapa se realiza en la línea marcada como «BARRERA REPRESIVA»: El Sr. Z enfrenta el miedo a la sobreestimulación y desintegración traumáticas al tomar conciencia de su rabia, autoafirmación, sexualidad y exhibicionismo de su self independiente.

BIBLIOGRAFÍA

FREUD, S. (1912), «On the universal tendency to debasement in the sphere of love», *The Standard Edition of the complete psychological works of Sigmund Freud,* Vol. XI, London: Hogarth Press, 1957 [vers. cast.: *Obras completas.* Trad. José Luis Etcheverry, Buenos Aires: Amorrortu Editores].

FREUD, S. (1933), «New introductory lectures on psychoanalysis», *The Standard Edition of the complete psychological works of Sigmund Freud,* Vol. XXII, London: Hogarth Press, 1957 [vers. cast.: *Obras completas.* Trad. José Luis Etcheverry, Buenos Aires: Amorrortu Editores].

GOLDBERG, A. (ed.) (1978), *The Psychology of the Self. A Casebook,* Nueva York: International Universities Press.

KOHUT, H. (1966), «Forms and Transformations of Narcissism», *Journal of the American Psychoanalytic Association,* 14, 243–272.

KOHUT, H. (1971), *The Analysis of the Self,* Nueva York: International Universities Press [vers. cast.: *Análisis del Self,* Buenos Aires: Amorrortu Editores, 1977].

KOHUT, H. (1972), «Thoughts on narcissism and narcissistic rage», *Psychoanalytic Study of the Child,* 27.

KOHUT, H. (1977), *The Restoration of the Self,* Nueva York: International Universities Press [vers. cast.: *La restauración del sí-mismo,* Barcelona: Paidós, 1980].

KOHUT, H. & WOLF, E. S. (1978), «The disorders of the self and their treatment. An outline», *The International Journal of Psychoanalysis,* 59, 413–42.

II

INTRODUCCIÓN
A LA PSICOLOGÍA DEL SELF

Ramon Riera

BIOGRAFÍA DE KOHUT

Heinz Kohut nació en Viena en 1913 en el seno de una familia judía. Al poco de nacer, su padre fue movilizado al frente ruso, y sólo pudo regresar al hogar después de una última temporada en un campo de prisioneros italiano, cuando el pequeño Heinz tenía ya cinco años. Esto determinó que el mundo de su infancia quedara considerablemente reducido a la relación con una madre muy absorbente, probablemente poco empática con su hijo, lo que influyó en su ulterior desarrollo teórico de la *psicología del self* (precisamente uno de los logros más importantes de este enfoque teórico es el de haber profundizado en cómo la subjetividad del analista influye en el proceso terapéutico con sus pacientes y en las teorías psicoanalíticas que va a desarrollar). La ausencia del padre (que, incluso después de su vuelta de la guerra, se mantuvo distante de su esposa e hijo), y las limitaciones psicológicas de su madre (que ya de mayor presentó una clara descompensación paranoica) motivaron que la infancia del pequeño Heinz fuera desvitalizada y vacía.

Ya de muy joven hizo un primer análisis con Aichhorn, por lo que desde pronto en su vida estuvo familiarizado con el psicoanálisis. Acabó sus estudios de medicina en la Universidad de Viena en 1936. Aunque no conocía a Freud en persona, seguía con mucho interés la aparición de sus publicaciones. Kohut contaba repetidamente la anécdota de que vio a Freud una sola vez en su vida, en junio de 1938, en la estación de Viena, cuando éste partía hacia el exilio en el Orient Express: cuando el tren empezó a ponerse en movimiento ambos intercambiaron un lejano saludo ladeando el sombrero. Éste fue su único contacto, pero Kohut hizo en una ocasión la broma de que, al haber sido Freud un hombre muy carismático y con una enorme influencia sobre los que le rodeaban, sólo las nuevas generaciones que no lo habían conocido en persona podrían emprender la difícil tarea de reformar el psicoanálisis... y él, Kohut, debido a aquel encuentro en la estación, ¡quedaba incapacitado para ello!

Pocos meses después, en marzo de 1939, Kohut también tiene que huir de Viena, y recala finalmente en Chicago, donde realiza una carrera meteórica: especialista en neurología en 1944, en psiquiatría en 1947, hace un segundo análisis con Ruth Eissler, y termina su formación psicoanalítica en el Instituto de Chicago en 1948. Alcanza el rango de analista didáctico en 1953. Por aquella época es un estudioso de Freud y de la *psicología del yo* (que no hay que confundir con la muy diferente *psicología del self* que él crearía más adelante). Su entrega y rigor en su trabajo con pacientes y estudiantes, así como sus reticencias ante las innovaciones de Alexander, le hicieron ganarse el apodo de *Míster Psicoanálisis.*

En 1957, en ocasión de la jornada científica para celebrar el XXV aniversario del Instituto de Chicago, presenta su trabajo «Introspección, empatía y psicoanálisis», en el que se sientan las bases de lo que muy posteriormente germinaría en el cuerpo teórico de la psicología del self *(self psychology).* En este trabajo, la introspección y la empatía se consideran los únicos instrumentos de recolección de datos en psicoanálisis, por lo que se desestiman todas aquellas especulaciones teóricas que no son alcanzadas a través de la observación introspectiva-empática. En esta breve introducción sólo puedo limitarme a resumir un breve ejemplo de ello: Kohut critica la comprensión de la *dependencia* como una regresión a la fase oral del desarrollo psicosexual, ya que ésta es una comprensión no alcanzable a través de la observación empática de nuestros pacientes. En cambio lo que sí es observable empáticamente en un paciente que depende de su analista, y que por ejemplo se angustia durante las separaciones, es que este paciente

93

no dispone del recurso de autorregular su angustia y por tanto necesita de las funciones reguladoras que aporta la presencia del analista. Por tanto no podemos empatizar con una *dependencia* como regresión a una fijación oral (y en consecuencia no podemos trabajar psicoanalíticamente con este concepto) y en cambio sí podemos empatizar con la necesidad de un paciente de que el analista le aporte aquellas funciones reguladoras de las que no dispone (lo que más adelante Kohut describirá como la *necesidad de self-object*).

Estas primeras intelecciones de Kohut no germinaron de una forma más sistematizada hasta los últimos diez años de su vida, periodo en el que escribió sus tres libros: *Análisis del Self* (1971), *La restauración del sí-mismo* (1977) y *¿Cómo cura el análisis?* (que fue editado en 1984, dos años después de su muerte). A pesar de que Kohut fue un autor muy prolífico, sus obras más trascendentes las escribió en una etapa muy tardía de su vida, luego veremos el porqué.

En su primer libro, *Análisis del Self,* Kohut no rompió explícitamente con las teorías clásicas, sino que presentó sus concepciones como descubrimientos aplicables sólo al campo del narcisismo, y que por tanto no eran excluyentes con las concepciones pulsionales de Freud aplicadas al campo de las denominadas *neurosis de transferencia.* Tal como veremos al final de este capítulo, progresivamente fue cambiando su estrategia y en lugar de considerar que sus conceptos eran extraídos de un tipo de patología que había sido poco estudiada por Freud, empezó a disentir con ciertos postulados freudianos como el de la universalidad del complejo de Edipo.

Kohut tuvo una brillante progresión en su carrera institucional: fue presidente de la American Psychoanalytic Association durante los años 1964-65, y fue vicepresidente de la Asociación Psicoanalítica Internacional (IPA) durante el periodo 1965-68.

En 1969 ocurrieron unos hechos de política institucional que tuvieron una enorme trascendencia para la ulterior evolución del pensamiento kohutiano. Ana Freud apoyó a Kohut para que ocupara la presidencia de la IPA, y durante unos meses Kohut tuvo el convencimiento de que sería elegido y dedicó enormes esfuerzos para la promulgación de su candidatura (escribió más de cien cartas personales a colegas de todo el mundo que pudieran influir en su elección). Pero finalmente, la política de la IPA dio un vuelco y Ana Freud escribió a Kohut que no podría ofrecerle su apoyo. En un primer momento ello supuso un jarro de agua fría que sumió a Kohut en una mezcla de rabia y depresión, pero al mismo tiempo le permitió ser liberado de sus compromisos institucionales y que su pensamiento quedara libre; de ahí que sus escritos más importantes se concentraran en el periodo final de su vida después de su fiasco político en la IPA.

Aunque estos hechos están perfectamente documentados (Strozier, 2001), la leyenda que parece que el mismo Kohut se encargó de hacer circular fue que finalmente escogió renunciar deliberadamente a su carrera política para poder así librarse de las ataduras que interfirieran en el desarrollo de su pensamiento.

El mismo Kohut lo escribió en su libro editado póstumamente *¿Cómo cura el análisis?* (1984:137):

…a lo largo de toda mi vida profesional me apliqué fervientemente a las enseñanzas del psicoanálisis clásico y las prescripciones técnicas vinculadas con las doctrinas teóricas establecidas. Por consiguiente, no me fue fácil confesarme que mi visión del mundo psicológico difería de la concepción tradicional. Durante las varias décadas que abarcó mi práctica clínica hice lo mismo que hacían, y aún continúan haciendo la mayoría de mis colegas […]: puse de un lado la teoría y del otro la práctica, y en mi actividad docente me empeñé en referirme a la «psicología del yo» como si armonizara con mi práctica clínica […]. Yo había intentado escapar a este dilema dedicándome durante años a funciones administrativas poco afines a mi manera de ser; pero mientras cumplía con estos deberes organizativos, que tan poco tiempo me dejaban para pensar y escribir, intuía que en algún momento estas postergaciones dejarían de ejercer esta fuerza destructiva, y entonces yo quedaría libre para expresar lo que pensaba.

Nos quedará para siempre la duda de qué hubiera sucedido si Kohut hubiera finalmente sido aceptado como presidente de la IPA. ¿Habría podido desmarcarse entonces de la teoría freudiana tal como sí pudo hacerlo después de haber fracasado en su intento político?

El primero de los dos artículos de Kohut que publicamos en este libro, «Los dos análisis del Sr. Z» (publicado en 1979 en *International Journal of Psychoanalysis*), es ya un claro ejemplo de cómo Kohut, ya cercano a su muerte, contrapone su concepción de hechos clínicos concretos a la concepción freudiana clásica. El segundo de los artículos, «Introspección, empatía y el semicírculo de la salud mental», es el último trabajo que Kohut escribió antes de morir. Fue leído por su hijo Thomas en el cincuenta aniversario del Instituto de Chicago, es decir veinticinco años después de la presentación de aquel artículo seminal «Introspección, empatía y psicoanálisis». Significativamente, este último trabajo de Kohut termina con la frase que reproducimos a continuación:

[el psicoanálisis] debe pasar de estudiar Freud a estudiar el ser humano.

Kohut murió en octubre de 1981. El enfoque de la *self psychology* sigue muy vivo y productivo en la actualidad, sobre todo en Estados Unidos, pero también en los países centroeuropeos de habla alemana (Alemania, Suiza, Austria), en Italia, en Australia, etc. En cambio el psicoanálisis de habla española vive de espaldas a los desarrollos contemporáneos de la psicología del self, la prueba es que, entre la multitud de libros y traducciones que anualmente se publican con este enfoque por todo el mundo, sólo uno (compilado por Lancelle, 1999) ha sido traducido y editado en español. La mayoría de analistas de Latinoamérica y

España no conocen la existencia de la psicología del self, o a lo sumo consideran que es un enfoque psicoanalítico que nació y murió con Kohut.

EMPATÍA, SELF Y «SELFOBJECTS»

Como ya ha quedado reflejado en la anterior introducción histórica, el énfasis en la comprensión empática es un punto central en la psicología del self. La empatía es:

> ... la capacidad de penetrar con el pensamiento y el sentimiento en la vida interior de otra persona. Es nuestra capacidad de vivenciar, en todo momento de la vida, lo que otra persona vivencia, aunque por lo común (y está bien que sea así) en un grado atenuado. (Kohut, 1984)

La empatía se dirige hacia la experiencia subjetiva del paciente con lo que los afectos del paciente adquieren automáticamente una especial relevancia, particularmente aquellos afectos que tienen que ver con la self-experiencia, es decir la experiencia que el paciente tiene de sí mismo, su sentimiento de sí. Kohut prestó una especial atención al grado de cohesión que puede tener el self, es decir al amplio abanico de experiencias subjetivas que podemos tener de nosotros mismos.

En un extremo de este abanico estarían los sentimientos de cohesión y fortaleza para enfrentar dificultades, las vivencias de seguridad y consistencia, la autoestima, la confianza en las propias capacidades etc. En el extremo opuesto estarían las vivencias de fragmentación del self, o de depleción y vacío: vivencias subjetivas de rotura o desmoronamiento, de pérdida de la vivencia de cohesión y consistencia, sentimiento de muerte emocional y desvitalización etc.

Existen infinidad de expresiones en lenguaje coloquial que expresan esta amplia gama de experiencias subjetivas: «reaccionar con entereza», tener «consistencia, solidez, peso específico» o «envergadura» son expresiones relacionadas con la cohesividad del self. En cambio «estar hecho polvo», «por los suelos», «desencajado», «caerse la cara de vergüenza», etc. son expresiones de la vivencia de fragmentación del self. Como veremos más adelante la psicología del self considera que la búsqueda y mantenimiento de esta experiencia de cohesividad del self es la principal fuerza motivacional del ser humano. Como también veremos, esta vivencia de cohesión se alcanza a través de la relación con objetos adecuados («selfobjects» en la terminología específica de la psicología del self).

Al privilegiar lo que Kohut denominó la *inmersión empática* en la experiencia subjetiva del paciente, el analista se esfuerza en entender el mundo desde la perspectiva del paciente, con lo cual la interpretación de que el paciente «distorsiona la realidad» deja de tener sentido. De esta forma los desacuerdos y críticas del paciente al analista, lejos de ser entendidos como resistencias o transferencias negativas, se convierten en puntos privilegiados para detectar las posibles fallas empáticas del propio analista. Esta inmersión en la subjetividad del paciente hace que las teorías de la psicología del self sean próximas a la experiencia, es decir verificables empáticamente. La empatía pone a los afectos en el centro de nuestra atención, lo cual tiene una enorme trascendencia en la práctica clínica cotidiana: miramos de centrarnos con todo nuestro esfuerzo en lo que el paciente siente. El modelo freudiano clásico del aparato mental tripartito puede fácilmente derivar a que el centro de nuestra atención se coloque más en lo que el paciente «esconde» o en lo que supuestamente queda oculto, que en lo que en realidad siente.

Si bien lo que suele ser determinante en la práctica clínica es la sensibilidad del profesional más que las teorías que utiliza, las teorías pulsionales suelen estimular en el terapeuta un esfuerzo para desenmascarar lo que está escondido, para resolver jeroglíficos en los que los derivados pulsionales se hallan disfrazados, de manera que las defensas y resistencias se convierten fácilmente en enemigos a batir. Al contrario, el énfasis en la comprensión empática de la perspectiva del paciente estimula que el terapeuta esté sobre todo pendiente de crear el marco relacional con su paciente que sea óptimo para que éste despliegue sus afectos (lo que Kohut denominaría su «self nuclear») durante el proceso analítico.

Esta idea kohutiana del «self nuclear», que necesita un entorno empático adecuado para desarrollar sus potencialidades, es muy parecida a la conceptualización de Winnicott del «self verdadero» (en contraposición al «falso self»).

Se suele criticar a Kohut que no reconociera explícitamente los antecedentes (o paralelismos) conceptuales que se hallan en otros autores como Balint, Bowlby, Fairbairn, Guntrip, Winnicott, etc. Esta crítica tiene un punto razonable, pero falla en tener en cuenta que, de la misma manera que desde fuera de Estados Unidos se ha tenido una visión superficial de la *psicología del yo* americana (la caricatura que se suele hacer de su dimensión adaptativa), Kohut no estuvo muy familiarizado con la denominada escuela inglesa de *las relaciones de objeto*. Véase el libro de Bacal y Newman (1990) *Theories of Object Relations: Bridges to Self Psychology* para una mayor profundidad en este análisis. Ahora bien, parece que el factor más importante a tener en cuenta, tal como Kohut lo escribió en su prefacio de *La restauración del sí-mismo*, es que Kohut intentó escribir, de la forma más desprejuiciada posible, lo que él observaba a partir de la investigación empática de los afectos de sus pacientes, y para ello no resultaba aconsejable que partiera de las teorías existentes que sólo en parte eran superponibles a lo que Kohut fue descubriendo.

En mi opinión, la mayoría de conceptos de Kohut pueden ser encontrados de forma aislada en los autores ingleses de las relaciones de objeto. Ahora bien, autores como Winnicott no tenían la ambición de crear escuela (por tanto sus aportaciones aparecen de forma aislada e inconexa, y a menudo sin excluir explícitamente las concepciones clásicas); en cambio

Kohut si tenía la ambición de crear una escuela de pensamiento psicoanalítico, y por tanto desarrolló sus conceptos de forma sistematizada y en muchas ocasiones como alternativa global a las teorías clásicas.

Vamos a centrarnos ahora en el importante concepto de selfobject. Kohut descubrió que los pacientes recurrían a tratamiento psicoanalítico con el objetivo de mejorar su sentimiento de sí. Esta idea encaja mejor con la experiencia clínica cotidiana que la clásica idea del paciente que transfiere sus pulsiones a la representación del analista. Esta necesidad de los pacientes de encontrar en el analista un objeto relacional que mejore su sentimiento de sí, que cohesione su self, desembocó en la conceptualización del selfobject.

El selfobject es todo aquel objeto que al ser vivido intrapsíquicamente suministra la experiencia de cohesión del self (o del sentimiento de sí) y de continuidad en el tiempo. El selfobject fortalece al self aportando aquellas funciones de las que éste no dispone. Yo suelo conservar en la traducción el término selfobject porque expresa bien esta cualidad de interpenetración que da consistencia al self.

Desde la primera clasificación que hizo Kohut en *Análisis del Self* (selfobject especular y selfobject idealizado), se ha descrito una amplia gama de selfobjects que suministran funciones distintas. Veamos una breve relación de las distintas *funciones de selfobject* que han sido descritas por la psicología del self contemporánea:

– Función especular: empatía con los estados afectivos, para que estos, al ser reconocidos por el selfobject, puedan ser así integrados en el self (cohesionar el self). Una función parecida sería la validación por parte del selfobject de la experiencia subjetiva del self (equivale a «legitimar» lo que el paciente siente, presuponer que tiene un sentido que podrá eventualmente ser entendido a través de la investigación empática de los contextos intersubjetivos donde este afecto se ha generado).

– Función reguladora: regulación de los afectos dolorosos (la angustia sería el ejemplo más típico) para que estos puedan ser integrados en el self, y no necesiten ser escindidos

– Reconocimiento de las singularidades del self y de su potencial (el selfobject suministra la self-experiencia de libertad, de no tener que adecuarse a las necesidades de los padres o del analista).

– Aportar la vivencia de afinidad con el objeto: el denominado «selfobject gemelar» (que el mismo Kohut describió al final de su obra) aporta el sentimiento de que el self no es tan distinto o raro, es decir genera la vivencia de pertenencia.

Durante toda la vida, el self necesita selfobjects (adecuados a cada momento evolutivo) que aporten las funciones que hemos descrito. Por tanto el self siempre va a necesitar selfobjects que le den cohesión.

Paradójicamente cuanto mayor es la experiencia de interpenetrabilidad con los selfobjects (a nivel familiar, social, profesional) mayor es también la vivencia de fortaleza y de independencia del self.

Así pues, las necesidades de selfobject no se pueden considerar ni regresivas-infantiles ni narcisistas. Es precisamente cuando estas necesidades de selfobject son frustradas de una manera no soportable para el self, cuando aparece el replegamiento narcisista, es decir la patología.

Durante la maduración normal, si las necesidades de selfobject no son frustradas de una forma inelaborable (si reciben sólo la *frustración óptima,* en la terminología de Kohut), estas funciones son interiorizadas por el propio self *(interiorización transmutadora* de Kohut) de manera que la capacidad empática del selfobject es substituida por la capacidad de introspección del self, y la función reguladora de los afectos que ejercía el selfobject es incorporada por el self. Por otro lado, durante el proceso madurativo, la experiencia de fusión con el selfobject va adquiriendo cualidades evolutivas más maduras: sentimiento de disponibilidad del objeto, vivencia del objeto como confiable, convicción de «tener derecho» a su estima, etc.

El concepto de «necesidades de selfobject» es una evolución de lo que en terminología clásica se denomina «necesidades narcisistas», perdiendo así su connotación patológica. Desde la psicología del self, lo que sí se puede considerar narcisista (es decir patológico) es la idea de que con la maduración dejamos de necesitar selfobjects que cohesionen nuestro self: en realidad no pasamos del *narcisismo* al *amor de objeto*, sino que durante toda la vida necesitamos de selfobjects que nos proporcionen el sentimiento de tener un self cohesionado.

Parecería que el ser humano pasa del narcisismo del bebé, que sólo mira por él, al amor de objeto de los padres que sólo miran por el hijo. Pero ello no es así, tal como lo atestigua lo que quizá es el episodio más trágico que un humano puede sufrir: cuando un niño muere, sus padres sufren un desgarramiento del self que difícilmente va a cicatrizar jamás. Y es que los niños suministran una función de selfobject que es imprescindible para el mantenimiento de la vivencia de integridad de los padres.

La inmersión empática en el sentimiento que el paciente tiene de sí mismo hace que el afecto de la vergüenza adquiera un gran protagonismo. La vivencia de pérdida de cohesión del self se acompaña de sentimiento de vergüenza. Kohut decía que la psicología del self se ocupa del *hombre trágico* (cuyo principal afecto es la vergüenza), mientras que el psicoanálisis clásico se ocupa del *hombre culpable* (énfasis en el sentimiento de culpa). Esta misma comparación la podemos enunciar de distinta manera: la vergüenza es uno de los principales afectos del self (al avergonzarse de sí mismo uno se avergüenza de lo que siente que *es)*, y la culpa es uno de los principales afectos del conflicto pulsional clásico (culpa por los deseos sexuales infantiles). Expresado de forma muy esquemática podríamos decir que uno se siente culpable de lo que *hace* y se avergüenza de lo que *es*.

En la psicología del self la transferencia es conceptualizada de forma distinta: el énfasis de la comprensión de la transferencia no recae en el desplazamiento de la investidura pulsional hacia la representación del analista. La comprensión de la transferencia por parte de la psicología del self contemporánea se centra en dos aspectos de la misma:

1. Dimensión de selfobject de la transferencia: el paciente busca en el analista aquellas aportaciones de selfobject que fueron frustradas en las etapas anteriores de su vida. Por tanto en este sentido la relación terapéutica es un suministro empático que había faltado con anterioridad.

2. Dimensión repetitiva de la transferencia: el paciente repite frente al analista aquellas estrategias que ha ido aprendiendo a lo largo de la vida para evitar ser retraumatizado por las fallas empáticas del objeto.

Esta segunda dimensión de la transferencia nos introduce ya al concepto de *resistencia* que postula la psicología del self. Las *resistencias* son entendidas como la manera que tiene el paciente de protegerse del peligro de ser retraumatizado por el analista, es decir del peligro de que el analista aplique sus teorías (sus maneras de entender, sus principios organizadores) de forma que las vivencias auténticas del self nuclear del paciente quedan falseadas o malentendidas.

Visto así, la *resistencia* no es entendida como un obstáculo frente al reconocimiento de ciertos deseos inconscientes inaceptables, sino que está al servicio del self, es una protección ante la amenaza de fragmentación. Es por ello que Kohut prefería hablar de «defensividad» que no de «resistencia», como una manera mejor de expresar que las actitudes defensivas son «psicológicamente valiosas» (Kohut, 1984:172).

A veces los pacientes pueden aferrarse a sus convicciones y a sus relaciones de selfobject enfermizas como un intento de preservar su self frágil, aunque sea de manera precaria; en estos casos, el paciente suele primero poner a prueba al analista (consciente o inconscientemente), a veces durante años, hasta constatar que es un selfobject confiable con quien arriesgarse a ensayar una reorganización y modificación de sus convicciones emocionales. Kohut consideraba que

> sólo puede evaluarse en forma apropiada la significación de las «defensas» y «resistencias» cuando se admite que el paciente no dispone de una actitud más sana que la que de hecho adopta. (1984: 208).

Ahora bien, este concepto simple y aparentemente fácil de aceptar es en realidad poco llevado a la práctica por los psicoanalistas en su relación cotidiana con los pacientes. Kohut atribuía esta dificultad en superar la concepción clásica de la resistencia al hecho de que

> nos fundamos en una teoría moralista acerca del valor terapéutico de enfrentar la verdad, entremezclada con un similar modelo científico moralista acerca de la necesidad de volver consciente lo inconsciente. Según este modelo todo lo que se opone a la «concientización» o al «devenir consciente» es una resistencia. (1984: 209)

Por otro lado el rechazo por parte del paciente a la ayuda terapéutica en general o a una interpretación en particular puede ser vivido por el analista como una herida narcisista, por lo que puede reaccionar con rabia racionalizada y disfrazada con el supuesto ropaje científico de una interpretación de la resistencia.

En la psicología del self contemporánea no se considera que el conflicto tenga una naturaleza esencialmente intrapsíquica (conflicto entre instancias psíquicas), sino que el acento recae en el conflicto intersubjetivo que se puede originar cuando chocan las necesidades de selfobject del paciente con las necesidades de selfobject del analista. Por ejemplo un paciente puede necesitar no hablar para protegerse, y un analista puede necesitar que el paciente hable para sentirse así útil. De esta forma el centro de la investigación analítica no recae en el reconocimiento de los derivados pulsionales sino en el esclarecimiento de cómo las propias necesidades de selfobject de los padres pudieron interferir la comprensión empática de su hijo, y de cómo en la situación analítica se puede repetir traumáticamente esta dinámica cuando el analista está más pendiente de aplicar sus teorías o convicciones que de entender el sentido que tienen las convicciones del paciente.

Cuando se produce un choque entre lo que podríamos denominar los intereses del paciente y los intereses del analista, entonces el paciente despliega (conciente o inconscientemente) la dimensión repetitiva de la transferencia, aparece la resistencia y se produce un *impasse* en la evolución del tratamiento. Por ejemplo el paciente puede adaptarse a las teorías de su analista, tal como sucedió en el primer análisis del Sr. Z, y el progreso terapéutico queda entonces estancado y desvitalizado. Cuando el diálogo analítico permite esclarecer este conflicto entre la subjetividad del paciente y la subjetividad del analista, entonces la dimensión repetitiva de la transferencia pierde protagonismo en la relación analítica y se va desplegando la dimensión de selfobject de la transferencia: el paciente puede ir mostrando aquellas necesidades de selfobject que habían quedado frustradas en el pasado y con ello da pie a que el analista pueda desplegar su comprensión empática y su validación de estas necesidades del paciente.

La psicología del self considera que lo que habitualmente es considerado como una hipertrofia patológica de las pulsiones (tanto las sexuales como las destructivas), en realidad es un recurso de emergencia que el self utiliza para restaurar la cohesión. Por tanto el acento del trabajo terapéutico no recae en la elaboración del control pulsional, sino que la investigación empática se centra en la comprensión de aquellos defectos del self que pueden desencadenar la hipertrofia pulsional.

La rabia y la destructividad se entienden como la reacción defensiva de un self que se siente bajo la amenaza de fragmentación. Lo que se entiende como primario no es la pulsión destructiva sino el self que se protege de la fragmentación. Es importante recalcar que éste no es un enfoque ingenuo que minusvalore la capacidad destructiva del ser humano. Para su desgracia, Kohut descubrió muy pronto el potencial destructivo de los humanos: ya al año de edad sufrió el abandono de su padre, un prometedor pianista en los inicios de su carrera, que fue movilizado al frente ruso de la primera guerra mundial, y veinticinco años después, una vez acabados sus estudios de medicina y a punto de empezar su etapa adulta, de nuevo la guerra arrasó su vida y le arrastró al exilio. Por tanto es obvio que Kohut era muy consciente, dolorosamente consciente, de la destructividad humana, pero la entendió como una consecuencia de la vulnerabilidad extrema del self que, ante la vivencia de aniquilación psicológica o física, puede reaccionar con una violencia extrema. Digamos que Kohut entendía al *hombre trágico* como un ser vulnerable que a menudo es sometido a injurias que lo fragmentan, en contraste con el *hombre culpable* freudiano y kleiniano que nace al mundo con una carga de pulsión de muerte que tendrá que aprender a controlar.

La misma reformulación de la pulsión de muerte es también aplicable a las pulsiones sexuales: la hipertrofia o descontrol de la sexualidad es también entendida como un intento desesperado, como una maniobra de emergencia para restaurar la cohesión del self. La promiscuidad por ejemplo es entendida como un intento continuado de establecer vínculos que preserven el sentimiento de ser valioso o deseable. La erotización de la transferencia, para poner otro ejemplo, no es entendida como una repetición transferencial de una fijación edípica, sino como la manera que puede tener un self precario al límite de la rotura de vincularse masivamente con su analista.

Es interesante poder rastrear las opiniones de Kohut sobre el *Edipo* durante la última década de su vida. En su primer libro *Análisis del Self* (1971: 32-33) Kohut considera que las neurosis de transferencia se desarrollan alrededor del complejo de Edipo y de la ansiedad de castración. La nuevas conceptualizaciones del self y de los selfobjects se consideran entonces sólo aplicables a un tipo de patología específico; ésta es una manera bastante típica en la historia del psicoanálisis de no confrontar las teorías preestablecidas: las teorías que se oponen a las clásicas se dice que son sólo aplicables a configuraciones psicopatológicas distintas.

Más adelante, en *La restauración del sí-mismo,* Kohut consideró que la fase edípica era una fase normal del desarrollo infantil, en la cual el pequeño(a) siente deseos afectuosos y libidinales hacia el progenitor de sexo contrario, y simultáneamente siente una rivalidad autoafirmativa dirigida al progenitor del mismo sexo. Si «los padres reaccionan frente a los deseos sexuales y a la rivalidad competitiva sintiéndose sexualmente estimulados y adoptando una actitud contra-agresiva», entonces lo que es un desarrollo normal se puede convertir en fuente de patología. Si por el contrario «reaccionan con alegría y orgullo frente a los logros del niño, a su vigor y autoafirmación» (1977:162) el self del pequeño queda cohesionado y la fase edípica se convierte en una fuente de expansividad sana y vigorosa.

El padre que puede observar las manifestaciones denominadas edípicas de su hijo, con orgullo, con la sensación «de tal palo tal astilla» insufla la vivencia de afinidad y reconocimiento que cohesionará el self del niño. Esta situación ideal del padre orgulloso de su hijo sería justo la opuesta a la actitud de Layo, padre de Edipo, que, lejos de vivir a su hijo con orgullo, lo vivió como peligroso y lo mandó matar. Como es sabido, Freud nunca prestó suficiente atención a esta parte de la historia de Edipo.

En su libro póstumo *¿Cómo cura el análisis?* Kohut, ya de una forma más abierta, postula que debajo del

Edipo de las neurosis clásicas, a un nivel más profundo, existe un self frágil, fragmentado o con riesgos de fragmentación, que utiliza las fantasías edípicas como un recurso precario par obtener cohesión.

Finalmente en su último artículo «Introspección, empatía y el semicírculo de la salud mental», tal como el lector podrá leer en la segunda parte de este libro, Kohut postula que el mito de Edipo es poco adecuado para describir lo que es esencial en la naturaleza del ser humano normal, y propone el mito de Ulises como alternativa.

Explicado a grandes rasgos, Ulises salva la vida a su recién nacido hijo Telémaco, pero pagando el precio de tener que ir a la guerra de Troya; años después, Ulises vuelve de su «odisea» y el joven Telémaco le ayuda a recuperar a su mujer. Kohut opone la figura paterna de Ulises a la figura paterna de Layo (el padre de Edipo). Las personas con una buena salud mental, viven la generación siguiente como una prolongación del propio self, y por tanto les empuja el deseo de ayudar más que los impulsos destructivos entre generaciones. El complejo de Edipo sólo se disparará cuando la patología de los padres (tal como le ocurrió a Edipo) les impida a éstos empatizar con las necesidades de su hijo.

En la actualidad, dentro de la psicología del self, existen numerosos grupos de autores (a menudo muy distintos entre ellos) que van ampliando, reformulando y también a veces oponiéndose de forma radical a ciertos conceptos de Kohut. Probablemente en lo que todo el mundo estaría de acuerdo es en la importancia central de la empatía para la comprensión del paciente y para la ulterior explicación de lo que a éste le sucede. Quizá también podríamos generalizar diciendo que los autores contemporáneos ponen más énfasis en la dimensión intersubjetiva de la relación analítica, de manera que el objetivo central del tratamiento analítico será la investigación de aquellos factores subjetivos del analista (a través de la introspección) y de aquellos componentes de la subjetividad del paciente (a través de la empatía) que chocan y producen un estancamiento en la evolución del proceso analítico.

Es muy difícil resumir las principales tendencias dentro de la psicología del self contemporánea. Quizá la orientación más definida, la única con un nombre y apellidos, es la *teoría intersubjetiva* cuyos principales autores son George Atwood, Robert Stolorow y Donna Orange. En 1979 Atwood y Stolorow publicaron el importante libro *Faces in a Cloud* (existe una versión actualizada y ampliada, publicada en 1993) en el que se hace un análisis de la relación entre la personalidad de los autores clásicos del psicoanálisis y las teorías que estos desarrollaron. Así por ejemplo se relaciona la necesidad de Freud de idealizar a sus padres con las teorías pulsionales del propio Freud (como su teoría de la universalidad del *complejo de Edipo):* de esta forma la dimensión de unos padres enfermos que abandonan a Edipo queda disociada y en cambio la dimensión incestuosa y parricida de origen pulsional del propio Edipo ocupa de una forma hipertrofiada todo el escenario de la teoría freudiana.

Las teorías psicoanalíticas así entendidas, es decir como fruto de las necesidades subjetivas de cada autor de organizar sus propios afectos, quedan radicalmente desabsolutizadas, y en numerosas ocasiones las distintas teorías psicoanalíticas son entendidas como una manera de universalizar y de intentar reificar (es decir convertir una hipótesis en realidad, tal como sucede en el delirio) la subjetividad de cada autor. Es interesante como Stolorow en un reciente trabajo (2002) considera que la clasificación de los distintos tipos de selfobject realizada por Kohut proviene del campo particular del narcisismo: el *selfobject especular* que estimula la autoestima, el *selfobject grandioso* que alivia la autoexperiencia de pequeñez, y el *selfobject gemelar* que suministra la experiencia de no ser marginal.

Una tendencia contemporánea menos definida pero con mucho peso específico en el panorama actual de la psicología del self es la que Goldberg (1998) denomina como relacional. Howard Bacal (1998) sería uno de los principales representantes de esta orientación. Kohut consideraba que la *frustración óptima* era un factor terapéutico esencial que permitía la *inte-*

riorización transmutadora; Bacal en cambio considera que éste es un concepto a abandonar, ya que es como una secuela en Kohut del importante papel que el psicoanálisis clásico le ha dado a la frustración (existe una tradición psicoanalítica no explicita pero muy arraigada según la cual cuanto más profundo es un análisis peor lo debe pasar uno en el transcurso del mismo). Como alternativa introduce el concepto de *responsividad óptima,* enfatizando así la dimensión de las aportaciones que el paciente recibe a través de la relación analítica. Principalmente la relación analítica suministra al paciente la experiencia de ser entendido, siendo esta experiencia la máxima *gratificación* (palabra demonizada por el psicoanálisis clásico) que un paciente puede recibir en el proceso terapéutico.

Otro grupo de autores que mencionaré son Lichtenberg, Lachman y Fosshage (1992), que a partir de la psicología del self han desarrollado un complejo estudio de los sistemas motivacionales del comportamiento humano que van más allá del dualismo pulsional freudiano y kleiniano, y que trascienden también la teoría kohutiana de la búsqueda de la cohesión del self como sistema motivacional supraordinado. Este grupo de autores está muy interrelacionado con las investigaciones de los sistemas relacionales de la primera infancia (Beatrice Bebee, Daniel Stern, etc.).

Finalmente citaré una serie de autores que han desarrollado diferentes aspectos de la obra kohutiana. Goldberg (que fue el encargado de revisar el manuscrito y publicar póstumamente *¿Cómo cura el análisis?)* se ha especializado en la aplicación de la psicología del self al campo de la perversión, adicción, psicopatía etc. Paul Ornstein (que por cierto fue coautor del último libro de Balint *Psicoterapia Focal),* fue uno de los principales colaboradores de Kohut y es un claro exponente de la continuidad que existe entre la escuela de las *relaciones objetales* y la psicología del self; el lector puede comprobar su alta capacidad didáctica y de síntesis acerca del psicoanálisis contemporáneo en su *My Current View of the Psychoanalytic Process* (publicado en internet: www.selfpsychology.org).

Andrew Morrison ha desarrollado especialmente el estudio del afecto de la vergüenza, siendo probablemente el autor que más ha profundizado en la comprensión psicoanalítica de este afecto tan central en la psicología del self.

Me gustaría también incluir en esta breve reseña de la psicología del self contemporánea a autores como Malcolm Slavin y Daniel Kriegman (1992) que desde la biología evolutiva realizan interesantes aportaciones a la psicología del self: por ejemplo la adquisición de las capacidades empáticas (poder empatizar con los intereses del prójimo que son contrarios a los nuestros, es decir poder anticipar un posible ataque) es un importante paso evolutivo de la especie humana; ello conlleva importantes consecuencias en la comprensión del proceso analítico que aquí sólo puedo esbozar: la investigación del conflicto de intereses entre paciente y analista es esencial para el desplegamiento auténtico del proceso terapéutico.

Finalmente, como un ejemplo más de los variados desarrollos de la psicología del self contemporánea, quiero citar a Morton y Estelle Shane (1997) que realizan una interesante complementación de los conceptos kohutianos con las teorías de Bowlby sobre el *attachment*.

Espero haber podido transmitir en este breve apartado los ricos desarrollos de la psicología del self contemporánea, que de una forma creativa, y a veces muy crítica con ciertos conceptos del propio Kohut, están en constante crecimiento. Mi impresión es que estos desarrollos van confluyendo progresivamente con el más amplio y abarcativo enfoque del denominado *psicoanálisis relacional* que fue inicialmente conceptualizado por Stephen A. Mitchell, que incluye autores de todas las procedencias psicoanalíticas, pero que coloca el énfasis de la comprensión del proceso terapéutico en las vicisitudes de la relación, entendida ésta como el encuentro de dos subjetividades (el lector puede recurrir a la compilación de artículos «relacionales» realizada por Mitchell y Aron en 1999 para hacerse una idea de esta perspectiva).

En mi opinión, la psicología del self será una más de las múltiples perspectivas que permitirán al psicoanálisis del futuro superar la clásica comprensión psicoanalítica del inconsciente como un caldero de brujas con pulsiones sexuales y destructivas en ebullición que buscan la descarga. Y de esta forma el psicoanalista, lejos de centrarse en el desenmascaramiento de supuestos derivados pulsionales (lo que se ha denominado el psicoanálisis de la sospecha), se irá concentrando en la comprensión introspectivo-empática de cómo se han ido generando las distintas convicciones emocionales (tanto en el paciente como en el analista) a partir de los distintos contextos relacionales por los que uno atraviesa a lo largo de la vida.

KOHUT Y EL SR. Z

En el verano de 1977, en su casa de vacaciones en Carmel, Kohut escribió su artículo sobre el Sr. Z. Resulta curioso que el artículo en un primer momento fue escrito para sustituir, en la edición alemana de *La restauración del sí-mismo*, al caso del Sr. X, un paciente de una colega alemana que Kohut había supervisado. Esta colega temía que su paciente pudiera leer la traducción alemana y reconocerse en ella por lo que Kohut escribió un nuevo caso clínico para salir del atolladero: ¡y así nació el Sr. Z!

Poco tiempo después la versión inglesa fue publicada en el *International Journal of Psychoanalysis*. Siempre han resultado notables los paralelismos entre la biografía del Sr. Z y la del mismo Kohut, y ello ha sido motivo de estudio y también de rumores por parte de los estudiosos de la psicología del self. Un interesante artículo al respecto es el de Doris Brothers (1994) «Dr. Kohut and Mr. Z: is this a case of alter ego countertransference?», en el que la autora muestra estas similitudes. Pero lo que ha resultado casi definitivo es la reciente biografía de Kohut escrita por Strozier en donde se demuestra de una forma que parece bastante convincente que el caso del Sr. Z es en realidad un relato autobiográfico disfrazado del mismísimo Kohut.

Aunque no existen pruebas fehacientes –Kohut nunca habló de ello con nadie–, las coincidencias son tantas que parece más que probable que la hipótesis de Strozier sea cierta. Kohut, al igual que el Sr. Z, también creció sin la presencia de su padre entre el primer y quinto año de vida, y sus padres tampoco tuvieron una buena relación. Las dos madres son muy parecidas y ambas se descompensaron psiquiátricamente en la vejez. Thomas, el hijo de Kohut, manifiesta que los rasgos de la madre de Z encajan con lo que él conoció de su abuela paterna. Kohut solía hablar de sus vacaciones de esquí con su padre en sus Alpes natales, lo que encaja bastante bien con el episodio del esquí del Sr. Z con su padre (el padre de Kohut era un buen pianista, mientras que el padre de Z cantó con la orquesta del hotel de montaña). El monitor del campamento del Sr. Z parece ser Ernst Morawetz (tutor escolar de Kohut en su adolescencia al que le dedicó el libro *¿Cómo cura el análisis?*). Ahora bien, quizá lo que resulta todavía más convincente de la hipótesis de Strozier es que, si bien Kohut supuestamente trató al Sr. Z entre 1955 y 1967, nunca antes de 1977 habló con ningún colega de este paciente. Por otro lado Kohut leía todos sus manuscritos a su esposa, siendo «Los dos análisis del Sr. Z» la única excepción a esta regla, probablemente para evitar tener que acabar contando una verdad que celosamente se llevó a la tumba.

Así pues es bastante verosímil que el primer análisis de Z (el freudiano) sea una copia disfrazada de lo que fue el análisis de Kohut con Ruth Eissler, mientras que el segundo análisis (el realizado con el enfoque de la *psicología del self)* describe el proceso que Kohut desarrolló en soledad a través de su autoanálisis y de sus propias elaboraciones teóricas. Thomas piensa que su padre tuvo que esperar a la muerte de su analista para no dañarla con el relato del primer análisis.

¿Qué podemos pensar acerca de todo esto? Intentaré expresar algunas de mis impresiones particulares al respecto. En primer lugar siento una enorme compasión, en el sentido más noble de la palabra, por lo que tuvo que escuchar Kohut en su análisis didáctico, y por la angustiosa confusión que aquellas interpretaciones tuvieron que inevitablemente generarle. Pero lo que todavía es más doloroso es que, en el ámbito psicoanalítico, donde la libertad y la libre asociación debería ser la regla de oro, Kohut tuvo que recurrir a explicar su propia experiencia analítica de forma anónima.

Siempre habrá quien opine que todo este episodio es una mentira y una «psicopatada» del pobre Kohut; a mí más bien me parece que es una muestra de la enorme soledad de aquéllos que no se adaptan a la doctrina psicoanalítica preestablecida. Alguno podrá decir que el caso es una mentira absoluta, un engaño, la actuación de alguien que no ha resuelto su transferencia negativa con su analista y «actúa» mediante un ataque mentiroso esta transferencia no elaborada. Mi impresión es que el pequeño Heinz nació en un mal momento y en un mal lugar (en Centroeuropa poco antes de estallar la primera guerra mundial); se crió muy solo con una madre cuyas convicciones esquizoides no le permitieron ser muy empática; cuando se disponía a comenzar su vida adulta después de acabar medicina tuvo que huir de su país perseguido por los nazis; y acabó yendo a parar al otro extremo del mundo, donde cayó en el diván de una analista cuyas convicciones teóricas altamente doctrinales tampoco le permitieron ser suficientemente empática.

Visto así es una triste historia de desamparo. Los fuertes rasgos narcisistas de la personalidad de Kohut (una mezcla de egocéntrico antipático y de personaje carismático que fascinaba) parecen ser el colofón lógico de esta historia tan abandónica. Mi fantasía es que el bueno de Kohut vio en la traducción alemana de uno de sus libros un sitio discreto y seguro en el que poder contar su historia sin ser descubierto.

Cuando Kohut tímidamente escribió esta autobiografía disfrazada para ser escondida en una traducción alemana, acababa de ser expulsado del Council del Instituto de Chicago, una comisión que diseñaba las reglas de funcionamiento de la institución. Parece ser que el desencadenante de esta expulsión fue un comentario que Kohut hizo en un seminario acerca de que el auténtico fundador del psicoanálisis fue Breuer y no Freud; aunque es probable que la finalidad de esta expulsión fuese el evitar que en el Instituto de Chicago se organizara de manera formal un subgrupo de la psicología del self.

Como se ve, tal como es costumbre en la historia del *movimiento* (siniestra palabra, especialmente para los españoles que vivimos la etapa franquista) psicoanalítico, desde aquel famoso y siniestro comité de los anillos[1], el ambiente no era muy propicio para que Kohut pudiera escribir su autobiografía psicoanalítica en libertad.

Quisiera terminar esta introducción con uno de los temas que yo considero centrales para la evolución del psicoanálisis. Tal como he postulado en la mayoría de mis escritos (especialmente véase mi artículo de 2001: «Transformaciones en mi práctica psicoanalítica» en la revista de Internet *Aperturas Psicoanalíticas)* creo que para el progreso del conocimiento psicoanalítico es *esencial* que nos esforcemos en escribir sobre nuestras experiencias personales, tanto en el análisis personal como en el trabajo con nuestros pacientes, acerca de aquellas teorías que nos han sido útiles y aquéllas que nos han dañado a nosotros mismos o a nuestros pacientes.

---

1. En 1913, a instancias de Ernest Jones, Freud creó un «comité secreto» formado por sus seguidores fieles, cuyo objetivo era velar por lo que ellos consideraban la pureza del psicoanálisis. Freud regaló a cada miembro un entalle griego antiguo que posteriormente engarzaron en anillos. Poco antes Adler había sido expulsado por desviacionista, de manera que la creación de este comité obedecía a la necesidad de contar con una estructura que pudiera enfrentar situaciones parecidas que se dieran en el futuro: y efectivamente sólo un año después de su creación, el comité apoyó a Freud en la destitución de Jung como presidente de la Asociación Internacional y como redactor de su revista. Y como sucedería con tantos otros en la posteridad, el comité se encargó de hacer circular el veredicto de que Jung estaba psicológicamente enfermo para la práctica del psicoanálsis.

En la tradición psicoanalítica existe un extraño pudor a hablar y escribir acerca del propio análisis. Es curioso que nuestra principal herramienta de aprendizaje, es decir nuestra experiencia subjetiva en nuestro propio análisis, quede de esta forma fuera de los circuitos de transmisión de información (artículos, seminarios, presentaciones, etc). Mi hipótesis es que, si los psicoanalistas escribiéramos sobre lo que recordamos como decisivo en nuestro análisis, constataríamos cómo casi nadie citaría las interpretaciones (¿quién recuerda una «interpretación mutativa» en su análisis?), y en cambio la gran mayoría postularía que fue cierta cualidad relacional de su analista (cierta función de selfobject diría Kohut) lo que realmente resultó determinante para el proceso analítico.

En este libro que el lector tiene en sus manos, un psicoanalista como Kohut nos habla de su experiencia en su propio análisis. He aquí pues el material más valioso que un colega puede ofrecernos.

BIBLIOGRAFÍA

ATWOOD, G. E. y STOLOROW, R. D. (1993), *Faces in a cloud*, Nueva Jersey: Jason Aronson Inc.

BACAL, H. A. y NEWMAN K. M. (1990), *Theories of Object Relations: Bridges to Self Psychology*, Nueva York: Columbia University Press.

BACAL, H. A. (ed.) (1998), *Optimal responsiveness: how therapists heal their patients*, Nueva Jersey: Jason Aronson Inc.

BROTHERS, D (1994), «Dr. Kohut and Mr. Z: is this a case of alter ego countertransference?», en *Progress in Self Psychology*, Vol.10. Hillsdale, NJ: The Analytic Press.

GOLDBERG, A. (1998), «Self Psychology since Kohut», en *Psychoanalytic Quarterly*, LXVII, 240-255.

KOHUT, H. (1959), «Introspection, empathy, and psychoanalysis», en *Journal of the American Psychoanalytic Association*, 7: 459-483. (Existe una traducción catalana de S. Adroer en *Revista Catalana de Psicoanàlisi*, 15: 61-77).

KOHUT, H. (1971), *Análisis del Self*, Buenos Aires: Amorrortu Editores, 1977 [ed. orig. *The Analysis of the Self*, Nueva York: International Universities Press].

KOHUT, H.(1977), *La restauración del sí-mismo*, Barcelona: Paidós, 1980 [ed. orig. *The Restoration of the Self*, Nueva York: International Universities Press].

KOHUT, H. (1984), *¿Cómo cura el análisis?*, Buenos Aires: Paidós, 1986 [ed. orig. *How Does Analysis Cure?*, A. Goldberg and P. Stepansky (eds.), Chicago: University of Chicago Press].

LANCELLE, (comp.) (1999), *El self en la teoría y en la práctica*, Buenos Aires: Paidós.

LICHTENBERG, J. , LACHMANN, F. y FOSSHAGE, J. (1992), *Self and Motivational Systems: Toward a Theory of Pschoanalytic Technique*. Hillsdale, Nueva Jersey: The Analytic Press.

MITCHELL, S. A. y ARON, L. (1999), *Relational Psychoanalysis: The Emergence of a Tradition,* Hillsdale, Nueva Jersey: The Analytic Press.

MORRISON, A. P. (1998), *The Culture of Shame,* Northvale, Nueva Jersey: Jason Aronson Inc.

ORNSTEIN, P. H. (1998), «My Current View of the Psycho-analytic Process», (http://www.selfpsychology.org/1998conf/abstracts/pre_Conference_Ornstein.htm).

RIERA, R. (2001), «Transformaciones en mi práctica psi-coanalítica: Un trayecto personal con el soporte de la teoría inter-subjetiva y de la psicología del self», en *Aperturas Psicoanalíticas,* nº 8 (http:// www.aperturas.org).

SHANE, M. y SHANE, E. (1997), *Intimate Attachments: Toward a New Self Psychology.* Guilford Publications, Inc.

SLAVIN, M.O. y KRIEGMAN, D. (1992), *The adaptative design of the human psyche: psychoanalysis, evolutionary biology, and the therapeutic process.* Nueva York,: The Guildford Press.

STOLOROW, R. D. (2002), *From drive to affectivity: contextualizing psychological life* (presentado en el Primer Congreso Internacional sobre la Perspectiva Intersubjetiva).

STROZIER, Ch. B. (2001), *Heinz Kohut, the making of a psychoanalyst,* Nueva York: Farrar, Straus and Giroux.

SEGUNDA PARTE

INTROSPECCIÓN, EMPATÍA Y EL SEMICÍRCULO DE LA SALUD MENTAL

III

CLAVES PARA LEER
EL «SEMICÍRCULO»

Silvio Sember

El artículo que presento a continuación tiene una serie de dificultades de las cuales creo conveniente advertir al lector, comentando algunas de ellas con la intención de facilitar la comprensión del trabajo. Expongo además algún aspecto crítico con la intención de discutir acerca del papel terapéutico de la empatía y su repercusión en la práctica del psicoanálisis.

En primer término, el estilo del autor es muy sinuoso, con referencias a lo que ya ha dicho o a lo que dirá y está escrito en un inglés de traducción compleja, lleno de giros verbales que dificultan la rigurosidad y la armonización del texto para la lectura de la versión castellana. Además este trabajo no fue concebido para ser publicado, sino que era un discurso escrito poco antes de su muerte, para ser presentado en la celebración del 50 aniversario de la Sociedad Psicoanalítica de Chicago, a la que él pertenecía. Al fallecer Heinz Kohut antes de la celebración de dicho aniversario, el trabajo fue leído en su lugar por su hijo, Thomas Kohut.

Intentando ser fieles al artículo, la traducción mantiene una serie de expresiones del autor que entorpecen la comprensión al ser vertidas a nuestra lengua; así es que al presentar aquí el trabajo, comenzamos por resumir algunas ideas y conceptos que contribuirán a allanar el camino.

Como se verá en los primeros párrafos, Kohut se sentía muy herido por el rechazo que sus compañeros habían dado a su conferencia pronunciada veinticinco años antes (y publicada en 1959 en el *Journal of the American Psychoanalytic Association* con el título de «Introspection, empathy, and psycho-analysis»), en la que había sentado las bases para su posterior desarrollo del concepto de empatía como herramienta fundamental de la tarea analítica. Este malestar le llevó a escribir en 1981 un nuevo discurso («Introspection, empathy, and the semi-circle of mental health») que pensaba dirigir a sus compañeros y que, aunque muy rico en su propuesta, está claramente dominado por el deseo de encontrar nuevos colegas que le entiendan y acepten y, al mismo tiempo, por el impulso de responder a quienes le atacaron en aquella oportunidad. Prueba de lo que digo es la inclusión de un párrafo de una novela en la que un simple rumor sobre un hecho acaba por ser aceptado por todo el mundo pese a las evidencias y demostraciones en contra; el párrafo elegido, ya de por sí complicado en su redacción, se vuelve prácticamente ilegible por el esfuerzo de Kohut para no emplear expresiones mal sonantes (tal como figuran en la novela), reemplazándolas por asteriscos y dejando que sea el lector quien las imagine, con lo que la lectura resulta casi imposible. Para evitar este escollo hemos agregado una nota al pie de página en la que se resume el contenido de la anécdota facilitando la comprensión de los motivos por los cuales él incluyó este párrafo en su trabajo. Dicho brevemente: la razón de reproducirlo era que, según él pensaba, la falta de interés con la que había sido recibido su antiguo discurso distorsionaba el significado y le asignaba a Kohut una fama que no era posible desactivar; además estaba convencido de que sus compañeros leían sus propuestas desde una perspectiva prejuiciosa y sorda.

Con este discurso se proponía entonces, por una parte, defenderse de los ataques sufridos por la incomprensión de sus compañeros, defensa tan parecida a la que ejerció Freud en las innumerables ocasiones en las que se sintió tendenciosamente malinterpretado; y por otra parte pretendía ampliar la base conceptual que defendía, incluyendo su posición epistemológica. Esto es muy importante porque se distancia del paradigma en el que se apoya todo el desarrollo conceptual del psicoanálisis clásico, ofreciendo un nuevo paradigma basado en la empatía como instrumento central de observación y conocimiento.

En «Introspección, empatía y psicoanálisis», el artículo publicado en 1959 y fuertemente contestado por sus compañeros, Kohut había presentado su concepto sobre el papel de la empatía en el psicoanálisis, que él consideraba que era el fundamento para toda investigación en psicología profunda en el futuro, ya que entendía que la posición introspectivo-empática del observador define aquello que es científico dentro del psicoanálisis, dejando fuera todo lo que está basado en teorías que se sustentan, a su vez, en otras teorías. Para poder operar con el concepto de empatía, necesita definirlo; esta tarea es muy complicada por tratarse de un término de uso frecuente que aparenta no necesitar ninguna definición. Pero en cuanto comienza a decir lo que *no es* empatía, surgen en el lector infinidad de dudas.

Creo que la clave para entenderlo está en considerar a la empatía no como un fenómeno que ocurre en la sesión de forma espontánea –aunque ello pueda suceder– sino como algo buscado con el esfuerzo del analista, el intento de percibir lo que el paciente está sintiendo y, en la medida de sus posibilidades, hacérselo saber. Este último aspecto, asegura Kohut, es por sí mismo terapéutico; es decir, que el solo hecho de hacer saber al paciente que el sentimiento que no puede expresar o que él mismo no acaba de comprender puede ser detectado, aceptado y nombrado por el analista, es una ayuda importante en el desarrollo del análisis, contribuyendo a calmar la inquietud y el sufrimiento por la vía de la experiencia de ser comprendido y aceptado. Pero éste es, para él, un efecto indirecto y consustancial de la empatía. Insiste en definirla como un método de observación deliberadamente buscado, ajeno a presupuestos y bases teorizadas con anterioridad.

En el artículo que comentamos, Kohut dedica un párrafo relativamente breve a las extensiones del psicoanálisis hacia otras ciencias. Y dice que no son aplicaciones del psicoanálisis en el campo de otras ciencias, sino meras extensiones del mismo. Creo que el punto es de gran interés, porque hace referencia a una importante cuestión: si el psicoanálisis es o no una psicoterapia. Freud lo definió siempre como una psicoterapia, aunque él mismo haya hecho múltiples incursiones en referencia al arte (desde el análisis de Gradiva en adelante) y a las ciencias sociales, la religión, etc., tanto en el sentido de volcar en otras producciones los postulados psicoanalíticos como en el de importar hacia éste los contenidos de otras áreas del pensamiento, como por ejemplo el uso de la mitología para reforzar el discurso teórico del psicoanálisis. Pero nunca dejó de verlo como una psicoterapia. En cambio hay muchos compañeros que piensan que ellos analizan, y si el paciente progresa y se libra del sufrimiento, mejor para él. Yo pienso de forma muy diferente.

Los profesionales que cobramos por nuestro trabajo, raramente recibimos a alguien que esté dispuesto a pagarnos sólo para analizarse o para conocerse mejor (sería el caso de los aprendices de la profesión o de algún intelectual interesado en la experiencia, que son pocos...); el resto de personas que nos consultan desean aliviar su sufrimiento, y nuestro deber profesional es intentar ayudarles con las herramientas de las que disponemos. Además, nuestra obligación es hacer el trabajo infligiendo el menor dolor posible, tal como lo instauró Hipócrates para la medicina: *primum non noscere*, lo primordial es no hacer daño. Cuando nos referimos al psicoanálisis, pues, estamos hablando de una profesión terapéutica, de una técnica que se propone ayudar a disminuir o a desactivar el sufrimiento psíquico. Esto que digo no excluye el reconocimiento de la extensión de los hallazgos psicoanalíticos a otras áreas del conocimiento, ni el enriquecimiento que de ellas se obtenga. Todo lo contrario: pensar nunca puede causar daño. Pero cuando nos referimos a la profesión debemos establecer muy claramente los límites de tal interacción, evitando la transpolación de lo que en otras ciencias son supuestos teóricos, que acaben contaminando a la nuestra y, en definitiva, a nuestro ejercicio cotidiano.

En la parte del artículo en la que Kohut se detiene en las teorías que están próximas a la experiencia o lejanas a ella, el esfuerzo está dirigido a mostrar cómo, cuando se acepta una teoría obtenida por deducción y se la aplica inductivamente, el resultado acaba siendo la «confirmación» de una teoría que, aunque fuera falsa, encuentra su momento de coincidencia con la realidad y vuelve a ser soporte de la deducción posterior. Este punto es muy importante en psicoanálisis, ciencia joven (y, si se me permite, inexperta), que por tener como objeto de estudio algo tan inaprensible como la mente humana corre el riesgo de responder al poder de los mitos, aferrándose a conceptos falsos bien presentados. Un buen orador –y Freud sin duda lo era– podría convencer a un importante grupo de psicoanalistas del origen de un trastorno basándose en sus propias asociaciones libres, como cuando tantas veces el mismo Freud convenció a su auditorio de una idea y más tarde de todo lo contrario. Por eso Kohut pone el acento en que al apartarse de la empatía, el psicoanálisis ha ido dando por válida una teoría que no surge de la observación clínica sino que utiliza tal observación para auto confirmarse. Su convicción de tal error le lleva a replantearse la veracidad y existencia del llamado «complejo de Edipo» y a buscar su elucidación a partir del re-análisis del mito mismo.

Cada vez que he discutido este tema con compañeros que pertenecen a diferentes escuelas psicoanalíticas, con alguna excepción, recibí por respuesta que no he entendido el mensaje de Freud, que nadie piensa que el niño *realmente* desee penetrar a su madre y tema que el padre descubra esos deseos y le ataque seccionándole el pene, mutilándolo; se trataría de una «metáfora» para aludir a la triangulación, a los sentimientos de exclusión, etc. Eso no es así. No se hace justicia a Freud diciendo que escribía metáforas. No es una metáfora, o no puede construirse una teoría del funcionamiento mental con una metáfora: otra cosa es que el «complejo de Edipo» tal como Freud lo definió sea imposible de defender. Pero él pensaba que todo niño entre los tres y los cinco años alberga tales fantasías y que de su correcta resolución depende el futuro desarrollo de la persona. Incluso en el desarrollo sano, es la resolución del complejo lo que da paso a la sublimación y con ello al interés por la cultura que permite la escolarización. No es una metáfora, es una afirmación. Si fuera una metáfora, referida a la situación triangular en donde alguien siente que está siendo marginado, ello no serviría para construir una metapsicología porque ni es universal ni tiene por qué implicar el desarrollo de un sistema defensivo, a menos que realmente los padres marginen activamente al hijo, lo ataquen. Pero esto último no tiene por qué ocurrir, no es una característica que atañe a toda la humanidad, ni siquiera es generalizable.

Seguramente los lectores habituados al trabajo psicoanalítico se preguntarán el porqué de la insistencia en discutir sobre el «complejo de Edipo»; para Kohut el tema es central porque de él se deriva la operativa cotidiana del analista: dar por cierto que la mente del niño se organiza a partir de él implica entender todo el sufrimiento mental como un subproducto de la represión de los instintos, del conjunto de ansiedades y defensas que se originan en esa represión y por lo tanto entender la terapéutica como basada en «hacer conciente lo inconsciente».

No hace falta que un analista tradicional mencione el complejo como parte de una interpretación, ni siquiera que lo señale sin mencionarlo, ni tampoco que afirme que nunca está pensando en ello mientras atiende en su consulta: si está convencido de que todo el aparato psíquico crece y se desarrolla a partir de la resolución del mismo, operará en sus intervenciones intentando que el analizante luche contra su propia resistencia y acabe derribando el muro de la represión. Por eso Kohut pone tanto empeño en desenmascarar la influencia paradigmática del Edipo y su poderoso influjo sobre la práctica profesional cotidiana.

Pero, curiosamente, nadie se atreve a decir que ningún paciente habla espontáneamente de tales deseos incestuosos, a menos que el analista pregunte, guíe al paciente en esa dirección; y como está muy difundido en la población en general que los psicoanalistas hablan de la sexualidad infantil y, quien más quien menos, todo el mundo tiene alguna somera idea sobre la existencia de Edipo y sobre la proximidad emocional de los hijos varones con la madre y de las niñas con el padre, sólo falta una pequeña ayuda del analista, un empujoncito, para acabar coincidiendo con la teoría.

La propuesta que hago al lector es sencilla: si trabaja en la clínica, si es psicoanalista o psicoterapeuta, que intente utilizar *de verdad* la atención libre y flotante, que no guíe al paciente hacia la sexualidad infantil, y es seguro que no escuchará tales fantasías, a menos que tenga delante a un enfermo muy grave, capaz de decir eso y diez minutos después advertir que sus palabras están guiadas por los extraterrestres. Si no interpretamos, no hay «complejo de Edipo» por ninguna parte. Obviamente me responderán los partidarios de la Causa freudiana, (y lacaniana, kleiniana...) que eso se debe, sencillamente, a las resistencias del paciente... ¡y a las mías!

Éste es, precisamente, otro fallo grave del psicoanálisis clásico: la no contrastabilidad de sus afirmaciones. Si un paciente presenta un determinado síntoma, discutiendo el caso entre compañeros se dirá que tuvo carencia de algo, por ejemplo de atención materna; si el interlocutor responde que no es así, al contrario, que tuvo la permanente presencia de su madre, la respuesta será: «¿lo ve? Tuvo exceso...». Lo mismo sucede con el resto del entramado teórico clásico: aquello en lo que disentimos se desmonta rápidamente diciendo que nos resistimos a verlo o que estamos mal analizados. Todo esto daña al psicoanálisis y le procura un descrédito muy grande entre los científicos y la gente culta. Y acaba recluyendo a los psicoterapeutas y psicoanalistas en un coto cerrado, el coto de los que creen. Pero una ciencia no puede basarse en la fe, debe estar articulada sobre principios operativos, que permitan contrastar, validar o invalidar las hipótesis con las que se trabaja.

Kohut muestra que se sintió impulsado a proponer una definición operativa del psicoanálisis porque observó que la inclusión del concepto psicobiológico de «pulsión» no había permitido la esperada integración del psicoanálisis con la biología sino que, por el contrario, había dado como resultado la definición psicológica moralista del «Hombre Culpable», hecho que distorsiona la percepción del analista llevándole a buscar cosas que no existen y por lo tanto modificando su actitud en la clínica, en la persecución del descubrimiento y elaboración de un conflicto inexistente.

La idea parte de la definición de la pulsión como representante mental de un instinto universal. Si se concibe tal universalidad del origen, también se supone que la pulsión será universal y por lo tanto inevitable. Con lo que se sustenta la teoría de los deseos infantiles prohibidos y su resolución mediante la represión. Sólo hace falta aceptar esta definición instintivista y universalista para buscar su presencia en cada paciente que consulta, puesto que se supone que la represión sepultó el conflicto y es necesario desenterrarlo y hacerlo conciente para poder curar al paciente. Y eso nos lleva a no escuchar lo que el paciente nos dice, sino a tratar de encontrar detrás de sus palabras el conflicto que nosotros «sabemos» que está.

Pero tenemos que tener presente que tales deseos están *prohibidos* para el adulto que nos consulta, o sea que tendríamos que presentarle una realidad obviamente desagradable al tener que reconocer que tuvo y tiene deseos ocultos, cosa que está muy mal vista para cualquier persona normal; «reconocerlo» implica avergonzarse, sentirse incómodo frente a sí mismo, confrontado con una realidad que le presenta el analista de la cual hay motivos para inquietarse. El paciente acaba «dándose cuenta» de que tales deseos subsisten en él, ocultados por la represión, y que en el fondo sigue siendo *culpable*. Lo que se le ofrece es renunciar a ellos, *modificar su estructura de personalidad* y acceder a *la salud*. Y esto no puede ocultar su carácter moralista: está muy mal tener tales deseos, hay que modificarse y ser más *normal*, abandonar esos impulsos y ser consciente de las pulsiones que a todos nos esclavizan, saltando para ello la barrera de la represión que uno mismo ha levantado. Aquí se cierra el recorrido desde la concepción biologista del instinto/pulsión a la moralidad encubierta que subyace en el «complejo de Edipo», piedra angular del psicoanálisis tradicional: partimos de la existencia del instinto y acabamos con la sensación de ser culpables de la ocultación de nuestras bajas pasiones.

Por eso la definición operativa que propone se basa en la empatía como método central de observación, aquello que Freud llamaría «atención flotante». Pero Kohut va más allá: escuchar lo que el paciente transmite sin presupuestos previos, sin suponer que existió el «complejo de Edipo» ni ninguna otra formación que, proveniente de los instintos, deba estar presente en todos los miembros de la especie.

Él sostiene aquí que el psicoanálisis, si se autodefine operacionalmente, prescindiendo de las definiciones basadas en supuestos, puede aspirar a ser una ciencia más; pero para ello deberá estar fundado en un método propio, alejándose de la psicobiología y por tanto, dejando de lado las pulsiones y el resto de cargas provenientes del concepto psicobiológico que introdujo Freud. Esto permitirá al psicoanálisis llegar a ser una psicología profunda que estudia al hombre en términos de su self, un Hombre No Culpable, que crece y se desarrolla luchando contra los factores opuestos, internos y externos, contra las dificultades propias del mundo en el que vive.

Una de las críticas esperables de parte de quienes operan con los presupuestos convencionales del psicoanálisis es que no hay tal descrédito como el que yo planteo, y que hay mucha gente que se ha beneficiado del psicoanálisis clásico, por lo que lo estima y aconseja. No dudo que ello es cierto, pero propongo pensar en si ese beneficio deviene de haber hecho consciente lo inconsciente, como plantearía casi cualquier psicoanalista o psicoterapeuta, sea de la escuela que fuere, o de algún otro factor. Y si es la interpretación de aquello que el paciente desconoce de sí mismo lo que le ha librado de sus males o no lo es.

Al respecto vale la pena recordar que entre las distintas escuelas psicoanalíticas las diferencias son tan importantes que la mayoría de las cosas que interpretaría un analista de una de ellas difiere radicalmente de lo que interpretaría un colega de otra. Pero también es una evidencia que todos curamos más o menos con el mismo nivel de fracasos y de aciertos. Dicho claramente: curan los lacanianos tanto como los freudianos, los kleinianos como los partidarios de la psicología del yo, los junguianos como los seguidores de Bion... entonces... ¡debe de haber algún factor común, ajeno a la teoría de cada uno de ellos, que interviene decisivamente!

Permítanme decir aquí que, a mi juicio, el único factor común que creo que existe entre todos ellos es que se ocupan del paciente, que le escuchan con atención, que dan sentido a ciertas experiencias emocionales del paciente que él no entiende, que recuerdan lo que dijo en otras sesiones y lo tienen en cuenta a la hora de sugerir hipótesis. Ése es, creo yo, el factor decisivo, que el paciente se sienta escuchado, porque necesitamos ser escuchados con empatía, necesitamos ser entendidos y aceptados.

Incluso cuando se nos dicen cosas desagradables de oír, sentirnos escuchados es vital para la integración de nuestra personalidad, y ése es el aspecto común del psicoanálisis, que es una terapia basada en la escucha comprensiva, neutral y respetuosa. Entonces, me dirán, ¿por qué casi nadie se queja de que sus interpretaciones son rechazadas por los pacientes?

Hay varios aspectos en la base causal de tal fenómeno. En primer término, tal como señalan muchos colegas, para el paciente representamos el supuesto saber, nuestra palabra está cargada de la autoridad que nos da el propio ejercicio de la profesión, y quien recurre a nosotros, esencialmente, viene a pedir ayuda, con lo que implícitamente reconoce que somos quienes se la podemos ofrecer, somos el saber mismo; mal podrían nuestros pacientes esperar obtener algún tipo de ayuda si no depositaran en nosotros su confianza. En segundo término porque, cuando acertamos a definir sus sentimientos, nuestra figura crece considerablemente, ya que en general la gente se siente poco entendida y poco escuchada. En tercer lugar porque, al afirmar alguna cosa, el respeto por nuestra palabra les lleva a acatarla, como la de cualquier otro profesional. En cuarto lugar porque la gente acepta, generalmente, desconocerse a sí misma, así que si le dicen que tiene tales o cuales deseos, aunque el paciente se resista, en el fondo piensa que tal vez sea él el equivocado. Y si a eso le sumamos la habilidad del analista para hacerle ver que, en realidad, se está defendiendo y se resiste a aceptar la evidencia porque ello es doloroso, casi seguro que el paciente coincide con nosotros en que lo que le estamos diciendo lo es y por lo tanto es natural no querer enterarse de ello... con lo que acaba creyendo que, aunque nunca pensó tales cosas, seguro que son ciertas y que es él quien se ha estado engañando para evitar el sufrimiento.

En resumen, lo que lleva al paciente a irse adaptando a la ideología del analista es su convicción de que ostentamos el saber, de que cuando definimos sus sentimientos mostramos que sabemos de él, el respeto por nuestra jerarquía profesional, la convicción de que él mismo se conoce poco y que nosotros somos expertos en psicología... y por una cosa más: porque si le escuchamos con atención, el paciente se tranquilizará, se sentirá mejor, y él también estará de acuerdo en que es nuestra herramienta interpretativa la causa del éxito, por lo cual, aunque no le parezca cierto lo que decimos, se ve forzado a aceptarlo, diciéndose a sí mismo que es más probable que esté equivocado él que nosotros.

Pero entonces... si todo esto es así... ¿por qué casi ningún analista o psicoterapeuta se opone y deja de utilizar esas interpretaciones? También esto es explicable: cuando un paciente nos consulta, incluso antes de que nos consulte, cuando nos pide la primera visita, es inevitable que dudemos sobre si lo podremos ayudar o no; frente a la presentación de la persona y sus dificultades, sentimos ansiedad, tema bien estudiado por muchos colegas y expuesto en infinidad de artículos.

El paciente no nos viene a pedir, en general, que le analicemos, nos viene a pedir ayuda para su síntoma, cosa que sin duda también nos inquieta[1]. Para

1. En realidad, actualmente, la mayoría de nuestros pacientes son personas muy infelices o desgraciadas por múltiples razones, con un sufrimiento emocional que va acompañado, generalmente, de algún síntoma psíquico. Aquí es donde el psicoanálisis se muestra muy superior a la psiquiatría académica. Ahora bien, los grandes procesos sintomáticos (la depresión mayor y la manía, la agorafobia seria, el trastorno obsesivo compulsivo grave, etc) y por supuesto las psicosis, hoy en día deberían ser tratados principalmente con medios biológicos. Incluso podría decirse de modo esquemático, con la pretensión de que nadie se moleste, que la psiquiatría trata mejor los síntomas que el psicoanálisis, y que éste trata mejor a las personas desgraciadas. (De una discusión con R. Armengol.)

combatir esa ansiedad disponemos de un completo conjunto de herramientas, como son el encuadre, la supervisión, etc., pero la más importante de ellas es que confiamos en poder darle significado al síntoma y al trastorno, cosa que, a buen seguro, el paciente ni se imagina. Tenemos a nuestra disposición una completa metapsicología que nos ofrece una base de respuesta universal para asignar sentido a los procesos ajenos a la conciencia. Eso nos tranquiliza, y como cuando llevamos unos años trabajando hemos visto que muchos pacientes han mejorado, pensamos que el factor decisivo ha sido esa asignación de sentido, cuando en realidad nos ha servido a nosotros para autoafirmarnos y evitar la angustia del no saber. O sea, interpretar basándonos en la Metapsicología nos ayuda a defendernos de la dolorosa sensación de no saber. Y esa defensa se va haciendo cada vez menos perceptible en la medida en la que tenemos éxito, impidiéndonos autointerrogarnos, preguntarnos si será ésa la causa de la mejoría de nuestros pacientes.

Se impone aquí una aclaración: a mi entender, el hecho de poder investigar sobre el posible sentido del sufrimiento personal es una pieza fundamental del proceso terapéutico. Para un paciente, descubrir que su severa inhibición, por poner un ejemplo, cobra un sentido a la luz de su biografía, produce un efecto de alivio, porque puede así dejar de vivir esa inhibición como una tara. Y eso se traduce en que el análisis genera la confianza de poder encontrar un sentido a las propias convicciones, el sentido de cómo uno es. Eso nos ayuda, finalmente, a entendernos a nosotros mismos. Pero no es ese tipo de intervención al que me refiero al hablar de *interpretación*, sino a la asignación de valor simbólico de acuerdo con una teoría ajena al paciente; es esto lo que resulta defensivo para el analista y, a mi entender, iatrogénico para el paciente.

Por otra parte, cuando fracasamos, generalmente el paciente se marcha, lo que también es una fuente de malestar para nosotros; para contrarrestar este malestar tenemos el recurso de pensar que estaba (el paciente) demasiado defendido y que no soportó el descubrimiento de la realidad, cosa que nos deja bastante más tranquilos que si comenzamos a pensar que no lo entendimos o que le dijimos cosas que, además de ser dolorosas, eran falsas. Así, la interpretación basada en una teoría distante de la experiencia concreta con este paciente concreto es, ante todo, una defensa del analista. Esto que digo, seguramente, será rechazado por la mayoría de mis compañeros, pero creo que es necesario decirlo claramente: utilizamos la omnisciencia para evitar el dolor de la ignorancia, suponemos que el paciente, de niño, tuvo unos deseos y sufrió unas fantasías que «olvidó» y cuyo descubrimiento le liberará de su padecimiento actual, y esa convicción nos permite abrir la puerta de nuestra consulta con menos temor. Y cerrarla con menos cargo de conciencia.

Y entonces, ¿cómo abrir la puerta de la consulta sin un entramado explicativo tranquilizador? La respuesta es sencilla: con la disposición a ser empáticos, a escuchar lo que el paciente nos dice sin aspirar a darle explicaciones, sino a ayudarle a buscarlas por sí mismo, y hallarlas cuando las haya, y a soportar el no-saber cuando no lo logremos o cuando, sencillamente, no existan tales explicaciones. Ése es el camino que nos propone Kohut con el Semicírculo, el seguro camino de la empatía y de la comprensión, de la escucha respetuosa, tranquila y desapasionada.

Finalmente, Kohut se dedica a examinar las relaciones intergeneracionales a la luz del cambio que él propone desde la psicobiología a la psicología profunda. Con ello nos invita a ver cómo aquellas manifestaciones en las que se busca el «complejo de Edipo», tradicionalmente tomado como un proceso inscrito en el destino del humano, producto final de un conflicto básico inevitable entre pulsiones y defensas, podrían verse en cambio como el resultado de interferencias que repercuten en el desarrollo del hombre. Y a partir de ello nos demuestra que la esencia de la experiencia humana no se encontrará en un «inevitable» conflicto biológico entre generaciones sino en la continuidad entre ellas.

Creo que es muy importante referirnos a esas interferencias. Obviamente a veces nos consultan personas que nos refieren experiencias traumáticas infantiles, abusos sexuales, erotización, pérdidas gravísimas en la primera infancia... estas dolorosas experiencias interfieren en el desarrollo normal y dejan profundas huellas en la persona que las padeció. La experiencia, en mi caso, me dice que cuando un paciente establece conmigo una relación transferencial de gran dependencia, de erotización, agresiva o delirante, seguramente hay en su historia infantil alguna de estas tragedias, independientemente del grado de predisposición genética que pueda haber y de la cual todavía sabemos casi nada. O al menos no sabemos cómo operar con ella, si eso fuera posible.

Pero si tales interferencias no existen, si el niño es recibido con júbilo y sus padres, personas sanas, se alegran de sus logros y adquisiciones, le animan a aventurarse en las experiencias vitales y no le atacan cuando fracasa, la continuidad entre generaciones será jubilosamente vivida, el padre y la madre se alegrarán cuando el hijo los supere, no envidiarán su bienestar y le facilitarán su paulatina independencia. Éste es el mensaje de Kohut respecto de la continuidad generacional.

Explica también que la fuerza de las formulaciones de Freud con frecuencia no se basa en su evidencia clínica sino, por el contrario, en la magia y el poder de su forma de plantearlas; para oponerse a ellas él utiliza una especie de «contra-magia», basada en la propuesta de un nuevo mito, el de Ulises, que da nombre al artículo («semicírculo de la salud mental») y cuya lectura esclarece ampliamente el sentido de la propuesta kohutiana.

Así, apartándose de los conceptos psicobiológicos del psicoanálisis tradicional, nos conmina a abandonar definitivamente el uso de los mitos freudianos y observar, simplemente, el funcionamiento emocional «normal». Concluye que para que el psicoanálisis pueda acceder al núcleo central del self, a lo más profundo del sí-mismo, debe cambiar de la psicobiología a la psicología, utilizando la empatía como el principal camino de observación. De esta forma el psicoanálisis podrá recuperar su propio self nuclear y desarrollarse y crecer como una más en el concierto de las ciencias.

IV

INTROSPECCIÓN, EMPATÍA Y EL SEMICÍRCULO DE LA SALUD MENTAL*

Heinz Kohut

Hace ahora veinticinco años pronuncié un discurso en el acto de conmemoración del 25 aniversario de nuestro Instituto de Psicoanálisis. Aquella celebración consistió en la presentación de dos ponencias y duró un día: la mitad fue dedicada a un estudio de Therese Benedek (1960), un tema psicosomático, creo, comentado por varios analistas especialmente interesados en ese campo. Durante la otra mitad del día yo presenté mi artículo (1959) –«Introspección,

* Kohut, H. «Introspection, empathy, and the semi-circle of mental health» (1982). *International Journal of Psychoanalysis*, 63:395. Esta traducción es obra del grupo de trabajo compuesto por Rogeli Armengol, Ángeles Castaño, Lluïsa Etxeberria, María Mercedes Fernández, Asunción Luengo, Teresa Mas, Immaculada Ribás, Ramon Riera, Neus Rubio y Silvio Sember.

empatía y psicoanálisis»[1]– que fue debatido por Rudolph Loewenstein, Helen McLean, Maxwell Gitelson y Franz Alexander.

Como mi exposición de hoy partirá desde el punto al que había llegado entonces, me referiré brevemente a aquel trabajo. Los ponentes diferían ampliamente en sus impresiones sobre mi artículo: desde las intensas, indignadas y casi violentas objeciones de Alexander, pasando por la crítica severa pero respetuosa de Loewenstein y la posición media de Gitelson, a la finalmente elogiosa aceptación, calurosamente expresada por Helen McLean. Y no obstante, tal como intuí débilmente en aquel momento y llegué a ver más claramente con el paso del tiempo, todos los ponentes, tanto a favor como en contra, se habían centrado en cuestiones que no tenían relación con el contenido principal de mi artículo. Todos ellos pasaron por alto el esencial, sencillo y claro mensaje científico que contenía. Empezaré hoy, pues, por explicar este mensaje de nuevo, esperando tener éxito en añadir más colegas a la lista de los que han llegado a comprenderlo. Y deseo ahora, desde las bases seguras que establecí hace veinticinco años, avanzar y dar un paso más en una nueva dirección.

Después de la decepción que experimenté al enfrentarme con una ausencia total de respuesta a lo que estaba proponiendo, ustedes podrían suponer que abordaría la tarea a la que decidí dedicar la primera

1. Kohut, H. «Introspection, empathy, and psychoanalysis» (1959) *Journal of the American Psychoanalytic Association,* 7: 459-483.

mitad de la presentación de hoy con alguna inseguridad. Pero no es el caso. Mi inclinación para la reflexión desapasionada y mi sentido del humor me han sostenido durante los últimos veinticinco años, y me sostienen ahora.

En una de mis novelas favoritas, *Tristram Shandy*, Laurence Sterne describe un episodio que es relevante en el contexto presente. Permítanme relatarlo en las palabras de Sterne[2]:

> No era nada –no perdí dos gotas de sangre por ello– ... miles sufren por elección, lo que yo sufrí por accidente. –Dr. Slop lo hizo diez veces más de las que hubo ocasión... La camarera no había dejado el orinal debajo de la cama; – «no lo logras, hombre», dijo Susannah, levantando la contraventana con una mano mientras hablaba, y ayudándome a subirla a su sitio con la otra, «no puedes arreglártelas, cariño, por un solo momento para **** fuera de la ventana» (aclaración: la palabra, el verbo decisivo, lo dejaré para que ustedes lo llenen) (Vol. V.

---

2. N. del T.: la historia, además de enrevesada, hace múltiples referencias culturales que complican su lectura. Damos a continuación una breve síntesis para facilitar su comprensión: «La caída de la contraventana, debido a motivos desconocidos para los dos niños (las poleas y contrapesos habían sido desmontados previamente sin que ello se notara), acaba seccionándole el prepucio al chico, cuando intentaba orinar a través de la ventana; con ello sufre una circuncisión involuntaria, más aun, en contra de su voluntad. La noticia corrió rápidamente y el rumor la transformó en castración. Y por más que intentaran desmentirla públicamente, todo el mundo siguió considerando que se trataba de la amputación del pene.»

Cap. XVII, 284) mientras me daba una palmada. Tenía cinco años –Susannah consideraba que nada estaba bien puesto en nuestra familia–, la palmada bajó la contraventana de un golpe deslumbrándonos; –«no queda nada»– gritó Susannah –«no queda nada»– para mí, sino correr hacia mi país. La casa de mi tío Toby era un santuario muchísimo más benévolo; y por eso Susannah voló a él. (Vol. V. Cap. XVII, 284.)

Debo privarles de toda las deliciosas referencias sobrevenidas en el incidente en cuestión –la culpa de *Tío Toby* y de su lacayo *Trim,* que había retirado los pesos y poleas de la contraventana porque *Toby* los necesitaba para sus juegos de guerra: el estudio intensivo del ritual de circuncisión por parte del padre, con el fin de descubrir si su hijo había llegado a ser judío, egipcio, sirio o fenicio, por nombrar sólo unos pocos, y la lucha entre *Susannah* y el doctor mientras aplicaban una cataplasma a la herida del pene de *Tristram*– y volver directamente a la, para nosotros, conclusión principal. El *Dr. Slop* (Vol. VI, Cap. XIV, 329) había hablado aparentemente de un modo exagerado sobre el «accidente de *Susannah*» y, en una semana, todo el mundo estaba diciendo «ese pobre Maestre Shandy *** totalmente». Y en tres días más el rumor estaba establecido «Que la ventana de la guardería no tenía sólo ***; sino que ***, también». Por ello se celebró un consejo familiar. Concluyó con el siguiente vigoroso diálogo:

—Deberé exponerle públicamente —dijo mi Tío Toby— en el cruce del mercado.

—No tendrá ningún efecto —dijo mi padre.

En opinión del padre de Tristram, cuando la gente ha hecho suya una fuerte creencia, incluso la más directa y evidente demostración de lo contrario no tendrá ningún efecto; desatendiendo esa forma de pensar, ahora quiero exponer el mensaje central de mi antiguo ensayo sobre la introspección, válido e intacto en su esencia como el pene de Tristram después de que volviera a caer la contraventana, en esta oportunidad en la plaza del mercado.

¿De qué trata mi ensayo de 1959, cuál era su objetivo? La respuesta a esta pregunta estaba explicada en su subtítulo. Iba a ser «Un examen de la relación entre el modo de observación y la teoría». No escribí sobre la empatía como una actividad psíquica. No escribí sobre la empatía como algo asociado a ninguna emoción específica tal como podrían ser la compasión o el afecto, pues la empatía puede estar motivada y usada al servicio de propósitos hostil-destructivos. No escribí sobre la empatía como algo asociado a la intuición; como en el caso de la extrospección puede, ocasionalmente, utilizarse intuitivamente por expertos: esto es, vía procesos mentales de observación que identifican configuraciones complejas preconscientemente y a gran velocidad. Pero esencialmente, y desde luego en psicoanálisis, la empatía se usa no intuitivamente, al contrario, laboriosamente si me lo permiten, a fuerza de probar. No escribí sobre la empatía como algo siempre correcto y acertado. Como sucede con la extrospección y la realidad externa, introspección y empatía pueden distorsionar la realidad psíquica que escrutamos (ya en el nivel de recolección de datos), o porque estemos siendo guiados por expectativas erróneas, por teorías engañosas que distorsionan nuestra percepción, o bien porque no somos suficientemente concienzudos y rigurosos como para sumergirnos por periodos prolongados en el campo de nuestra observación. Debemos, en otras palabras, ser capaces de tolerar la incertidumbre y posponer nuestras conclusiones.

Pero ahora, si puedo, intentaré continuar y extender la lista de las áreas que no abordé en mi ensayo original, cambiaré de lo negativo a lo positivo, desde decirles lo que no dije en 1959 a lo que, de hecho, sí dije. Empezaré con una declaración general. Hay, para hablar descriptivamente y sin que implique ningún juicio de valor en absoluto, dos caminos en la ciencia. Permítanme llamarlos el camino principal (autopista) y el secundario (carretera). El camino secundario es la postura empírica –recolección de datos y *próxima a la experiencia*– con respecto al campo que es investigado. El camino principal (autopista) es la postura epistemológica. Esta última examina la relación entre los datos ya recolectados y, especialmente, la relación entre las teorías próximas a la experiencia que habían sido ya formuladas. A partir de estas operaciones cognitivas, se formula entonces una amplia y comprensiva teoría que es lejana a la experiencia. Creo que la ciencia necesita continuar por ambos caminos. Me rebelo contra una postura puramente especulativa cuando la teoría está fundamentada, a la vez, en otra teoría y la observación del campo es descuidada. Pero también sé que cada ciencia debe tener conocimiento de las teorías lejanas a la experiencia que proporcionan el marco para sus investigaciones cercanas a la experiencia y que debe, de vez en cuando, reexaminar las teorías lejanas a la experiencia en las que se apoya, incluso aquéllas que parecen tan básicas para su punto de vista que casi han dejado de ser consideradas como teorías. Afortunadamente, hay una voz en nosotros que nos dirá, aunque débilmente perceptible al principio, y por muy reacios que seamos a reconocer su mensaje, que ha llegado el momento de cuestionarnos nuestras teorías básicas. Esta voz, en general, nos hablará después de que hayamos estado persistentemente incómodos con los resultados pragmáticos que habíamos estado obteniendo, incomodidad que irá paulatinamente en aumento. Entonces es cuando debemos pasar de la carretera secundaria del pragmatismo a la autopista de la epistemología, para volver enseguida a la primera a fin de comprobar el nuevo punto de vista teórico que podemos haber adoptado.

Para evitar la confusión, permítanme recalcar aquí que durante la primera mitad de la presentación de hoy hablaré sobre empatía en el contexto que había utilizado en mi exposición en 1959 y en el cual he continuado casi por completo hasta muy recientemente (para las excepciones véase Kohut 1973 a y b). En otras palabras, hablaré sobre empatía en un contexto epistemológico. En este marco no está de más decir que empatía es un tipo de valor-neutral de observación; un modo de observación adaptado a la vida interior del hombre, al igual que la extrospección es un modo de observación adaptado al mundo exterior.

Es cierto sin embargo que, como mencioné antes, la empatía puede y debe también ser examinada y evaluada en un contexto empírico como una *actividad* mental, tanto en la vida cotidiana como en actividades científicas. Y yo, por cierto, he empezado muy recientemente a considerar la empatía desde este punto de vista como una empresa compleja pero manejable, si uno mantiene en la mente que incluso con la mirada a esta «carretera secundaria», esto es, con la mirada a este enfoque próximo a la experiencia, tenemos que diferenciar entre dos niveles: a) empatía como una actividad para captar información, y b) empatía como un poderoso vínculo emocional entre la gente. Antes de referirme, como hice en 1959, al rol de la empatía en el sentido más epistemológico distante a la experiencia, permítanme considerar brevemente los elementos específicos del análisis de la empatía en estos dos contextos más cercanos a la experiencia.

En tanto que actividad de recogida de información y de datos, la empatía, como he subrayado muchas veces desde 1971, puede ser acertada o errónea, al servicio de la compasión o de la hostilidad, puede alcanzarse lenta y laboriosamente o bien «intuitivamente», o sea, a gran velocidad. En este sentido la empatía nunca es por sí misma terapéutica o de auxilio. Es, sin embargo, una precondición necesaria para ser un apoyo exitoso y terapéutico. En otras palabras, incluso si la empatía de una madre es correcta y acertada, aunque sus propósitos sean afectuosos, no es la empatía por sí misma la que satisface las necesidades de selfobject del hijo. Lo que satisfará estas necesidades serán las respuestas y las acciones de esta madre. Sin embargo, para alcanzar su fin adecuadamente, estas acciones y respuestas tienen que ser guiadas por una exacta y correcta empatía. La empatía es así una precondición para un funcionamiento apropiado de la madre como selfobject del niño, es decir la empatía dirige la función de selfobject parental hacia el niño, pero no es por sí misma la función de selfobject que el niño necesita.

Quisiera poder dejar en este punto mi exposición sobre la empatía como una fuerza concreta en la vida humana sin tener que dar un paso más que parezca contradecir todo lo que he dicho hasta ahora, y que me exponga a la sospecha de abandonar la sobriedad científica y entrar en el campo del misticismo o del sentimentalismo. Les aseguro que me gustaría evitar dar este paso; y no es la falta de rigor científico sino el sometimiento al mismo lo que me fuerza a decirles que, a pesar de que todo lo que he dicho hasta ahora permanece enteramente válido en tanto valoremos la empatía como un instrumento de observación y como lo que dirige la acción psicoanalítica terapéutica (en análisis terapéutico la acción se llama interpretación), tengo que añadir ahora, desgraciadamente, que empatía *per se,* la mera presencia de empatía, tiene también en un amplio sentido un efecto beneficioso y terapéutico, tanto en el marco clínico como en la vida humana en general.

Permítanme primero respaldar mi afirmación de que la empatía *per se* es beneficiosa; se trata de una hipótesis científica y no un simple derivado de un vago sentimentalismo o de una cuestión de misticismo. Es científica porque sugiere una explicación para ciertos contenidos observables o secuencias de eventos en la vida psíquica del hombre; no es mística porque no es la expresión de esperanzas o deseos o de una moralidad abiertamente defendida o relativamente disimulada.

En cuanto al resto, considerando el hecho de que hoy, al menos en la primera parte de mi presentación, básicamente me estoy refiriendo a consideraciones epistemológicas *distantes a la experiencia* sobre la interrelación entre empatía como una forma de observación y la teoría psicoanalítica, me constreñiré a enumerar una serie de ejemplos concretos del efecto beneficioso de la simple presencia de empatía a la que me he referido en anteriores escritos. Mencionaré primero mi hipótesis de que el miedo a la muerte y el temor a la psicosis son, en muchos casos, la expresión del miedo a la pérdida del medio empático que al responder al self lo mantiene *psicológicamente* vivo. Segundo, aduciré otra vez más las experiencias de los astronautas cuando su cápsula espacial pareció estar fuera de control, un episodio que describí en mi correspondencia con el profesor Erich Heller.[3] Tercero, llamaré de nue-

3. Hay una anécdota sobre una de las expediciones de nuestros astronautas que me impresionó profundamente. Quizás ustedes lo recuerden bastante bien, para ahorrarme la tarea de comprobar la exactitud de mi memoria sobre los detalles del acontecimiento que tuvo

vo la atención sobre el efecto psicológicamente destructivo de haber afrontado la experiencia de un «exterminio» deshumanizado e impersonal por aquéllos que sobrevivieron a los campos de concentración nazis, como opuesta a la experiencia mucho menos destructiva psicológicamente de haber estado expuesto a la matanza apasionada motivada por odio. Y les recuerdo las interpretaciones artísticas de la experiencia en las que se muestra una total ausencia de empatía (principalmente de Kafka, como en *La metamorfosis,* pero también O'Neil, en *Long Day's Journey into Night* [Kohut, 1977: 287]; [Kohut, editado por Ornstein, 1978b, II: 680 ss., 743n, 780 ss., y 872]). Finalmente, me referiré al significado que tiene para el desarrollo del self el cambio que va desde el efecto sustentador del contacto físico temprano, generado por la empatía entre la madre y el niño (esto es, contacto que ocurre sin «respuestas» directas y específicas por parte de la

---

lugar hace unos pocos años. Cuando, durante uno de los lanzamientos a la luna, un meteorito aplastó parte de la cápsula espacial y perjudicó seriamente la maniobrabilidad del aparato, los astronautas, después de haber aterrizado sin problemas de vuelta a la tierra, informaron que durante las horas de grave peligro habían sentido un deseo de suma importancia: si tuvieran que perecer, querían que la cápsula contuviera sus cuerpos, incluso convertidos en polvo, para volver a la tierra. El máximo horror para ellos había sido la idea de que sus restos estuvieran dando vueltas para siempre en el espacio, en una loca trayectoria sin sentido. Puedo comprender bien sus sentimientos. Y es alentador para mí saber que estos tres seres humanos –deben considerarse indudablemente como representantes de la tecnología más avanzada– se mantuvieron refugiados en la cápsula como expresión de su último y más profundo deseo de estar simbólicamente unidos con la tierra: el símbolo del sentido humano, del calor humano, del contacto humano, de la experiencia humana (Kohut, 1978a).

159

madre) al efecto en sí mismo sustentador de la respuesta empática de la madre (como cuando el niño comienza a andar y, volviéndose, ve en la cara de la madre la expresión de orgullo por el logro alcanzado). Alternativamente mencionaré que el cambio que se produce desde la sustentación suministrada por la «comprensión» del analista hasta la sustentación que aporta la «explicación» de esta comprensión, puede ser entendido como la evolución desde una forma menor a una superior de empatía, análogo al cambio antes mencionado que se da en el desarrollo temprano.

Con las consideraciones anteriores en mente volveré ahora a la «autopista» científica, a la empatía como modo de observación, para explicar una vez más el contenido esencial de mi anterior ensayo sobre la empatía. Concretamente, les daré las razones para emprender la investigación epistemológica de la posición de observación del analista, para llegar a la conclusión de que el psicoanálisis no puede hacer otra cosa que emplear la posición introspectiva-empática, y que *tiene*, por tanto, que ser una psicología; finalmente explicaré mi valoración de las consecuencias pragmáticas ocasionadas por la consistente aplicación de esta nueva teoría de los fundamentos, definidos operacionalmente, en los cuales descansa el análisis.

¿Qué me instó a emprender una investigación epistemológica sobre la quintaesencia del psicoanálisis? ¿Qué me movió, en otras palabras, a emprender una aventura en la teorización básica que en general no es de mi agrado? Lo que me impulsó fue el creciente malestar provocado porque lo mejor de la esencia del psicoanálisis estaba siendo cada vez más menospreciado por el psicoanálisis moderno y porque este proceso estaba teniendo lugar sin que al parecer nadie tuviera conocimiento del mismo, o, al menos, sin que nadie reconociera abiertamente sus consecuencias y, a mi juicio, su nociva presencia. Por supuesto que no sólo es legítimo sino también deseable aplicar el psicoanálisis a la biología y a la psicología social, pero como ya vi con razonable claridad y como he llegado a ver todavía más claramente desde entonces, estas exportaciones más allá de los límites de la regla fundamental no fueron reconocidas como tales. En su lugar fue simplemente dado por sentado que estos nuevos progresos –puedo proporcionar notables ejemplos inmediatamente– eran verdaderas ampliaciones del análisis mismo.

Seleccioné los ejemplos que mencionaré ahora por dos razones. Primera, porque habiendo sido formulados por destacadas mentes y con valiente franqueza, son fáciles de comprender. La segunda es porque, hasta donde puedo juzgar en retrospectiva, eran los verdaderos detonadores que me llevaron desde mi impreciso malestar por los magros progresos que el análisis había experimentado, a la acción científica decisiva, incluida en mi ensayo de 1959.

Los ejemplos que aduciré son los tres siguientes. El primero y principal, la aplicación de Franz Alexander del psicoanálisis a la biología, en particular su explicación de varios síndromes médicos que había seleccionado para investigación psicológica profunda a través del concepto central de «los impulsos». El segundo, la aplicación del psicoanálisis a la psicología social de Alexander, en particular su explicación de grandes sectores de la conducta humana a través del concepto central de que el impulso oral del hombre desarrolla su tendencia hacia la «dependencia». Y tercero, la introducción de Heinz Hartmann del concepto fundamental de un «punto de vista adaptativo» como una extensión del psicoanálisis, y subrayo, no como una aplicación de psicoanálisis en el campo de la psicología social.

Pero ahora, después de compartir con ustedes esta información personal acerca de los motivos que me impulsaron a embarcarme en una investigación de la teoría *distante de la experiencia*, trataré de enumerar aquellos factores que justificaron la investigación de 1959, sobre bases esencial e intrínsecamente científicas. Estoy utilizando la palabra «esencial» deliberadamente, puesto que me gustaría poder evitar que mis reflexiones de 1959 sean descartadas, tanto si ello se hace de forma respetuosa como si fueran ridiculizadas, por ser consideradas como el desafortunado resultado de la pedantería o del purismo (ver Kohut 1980: 477 ss.). Tuve la sensación de que la psicobiología de Alexander y la socio-psicología de Alexander y Hartmann habían introducido, en el marco de referencia del psicoanálisis, conceptos que, perteneciendo a un universo científico diferente, aparecían como cuerpos extraños que no se podían integrar. A pesar de ello tuve la tendencia de acoger estas aportaciones como contribuciones a la ciencia valiosas e importantes. No fue entonces por ello que he sentido la necesidad de establecer los límites operacionales del psicoanálisis y definir así la esencia de esta ciencia.

Si no fue la necesidad de exactitud y armonía teóricas, ¿qué fue entonces lo que me movió a empezar en 1959 esta excursión dentro de la epistemología?, y ¿qué sostuvo mi interés en perseguir mi objetivo, por más subordinado que estuviese a otras tareas desde entonces? (Ver Kohut 1977, capítulo 7). No tengo duda de que fue el hecho de que, en el campo del psicoanálisis, este cambio no reconocido en la esencia de la posición básica del analista había conducido no sólo a cambiar la teoría sino también –y éste es el asunto esencial para mí– a un procedimiento encubierto que aumentaba gradualmente la distorsión de las percepciones del analista en el ejercicio de su función como investigador en el psicoanálisis aplicado y, lo más importante, en su función terapéutica como profesional en activo.

Dejando aparte en esta ocasión el hecho de que no significa menos responsabilidad para el psicoanalista internarse en campos tales como la crítica literaria, medicina, antropología, sociología, y sobre todo en ciencia política e historia, volveré directamente a la tarea predominante del analista: el análisis terapéutico. ¿Cómo han conducido los mencionados cuerpos extraños en psicología profunda –el conocido concepto biológico de «impulso», los ya conocidos conceptos socio-psicológicos de «dependencia» y «adaptación»– a un cambio decisivo en la esencia del psicoanálisis, a una alteración de la posición básica del analista que es más importante que la alteración causada por las amenazas externas tal como la absorción por la psiquiatría, la cual está abiertamente enfrentada y opuesta?

La respuesta, en un sentido amplio es que lo han hecho convirtiéndose en la base no declarada y no cuestionada de un sistema de valores no cuestionados y no declarados de la esencia del hombre y de la esencia de su vida. A pesar de innumerables alegatos en sentido contrario, el análisis, bajo la influencia de los conceptos antes mencionados, se ha convertido menos en una ciencia y más en un sistema moral, y el psicoanálisis como terapia se ha convertido simultáneamente menos en un procedimiento científico basado en la elucidación de relaciones dinámicas y genéticas y más en un procedimiento educativo, apuntando a predeterminadas y extrañas metas –las cuales, de nuevo, son irreconocibles e incuestionables– hacia las cuales el paciente es conducido y en las que, sobre la base de una dimensión de su transferencia que no es ni reconocida ni cuestionada, el paciente trata de llegar.

¿Cuáles son esos valores del psicoanálisis tradicional que han sido dirigidos al foco de atención del analista e incluso, secundariamente, las metas que él persigue, tanto en su función de investigador como de terapeuta? Nadie familiarizado con mis escritos de los últimos años puede ignorar la respuesta. Se trata de que los valores del conocimiento y los valores de la independencia han sido los valores conductores del psicoanalista, y que le han guiado hacia la percepción y acción selectiva dentro del campo psicológico en el que tiene su espacio. Yo no me opongo a estos valores. De hecho los suscribo. Ahora bien, creo que su influencia no reconocida distorsiona la percepción del científico de la psicología profunda y –aquí los efectos son aún más evidentes– que su presencia no reconocida interfiere la habilidad del analista para permitir que sus analizandos puedan desarrollarse según su propio programa nuclear y su destino.

Soy consciente del arraigo que estos ideales ya mencionados han tenido en el Hombre Occidental y, como un miembro hondamente arraigado en la civilización de Occidente, yo mismo estoy fuertemente influenciado por ellos. Conozco lo difícil que es para nosotros ser consciente de estos ideales básicos y, así, hacerlos el objetivo de nuestro escrutinio. Y dentro de ciertos límites, no me los cuestiono. Lo que cuestiono es su permanente primacía en la jerarquía de valores del hombre –su primacía en todo momento y bajo todas las condiciones. Sin embargo, por importante que sea el Hombre Occidental, no puede servir como un remoto indicador por el cual el investigador de psicología profunda evalúe al Hombre y como la escala sobre la cual el terapeuta de psicología profunda marque las metas y medidas de graduación del éxito o fracaso del tratamiento psicoanalítico. Por el contrario, yo sostengo la opinión de que estos dos valores nos han impedido reconocer la posición central del self y sus vicisitudes en los componentes psicológicos del Hombre, como concierne por encima de todo al hombre de nuestro tiempo y su momento específico de psicopatología predominante. Nos han impedido reconocer, en otras palabras, el significado del programa central del self, y la importancia de que la realización o no realización de su potencial tiene para el individuo a la hora de decidir si se siente psicológicamente enfermo o sano.

No me voy a extender en apoyar mi postura presentando una serie de hechos acerca de desarrollos en otras ciencias que son análogos a los que yo propugno para el psicoanálisis y que he aplicado a la psicología del self. Señalaré simplemente que los físicos en el siglo XX también han progresado decisivamente al relegar la importancia de ciertos componentes del marco observacional y explicativo, los cuales hasta ahora han dominado sin límite de tiempo, espacio y causalidad en ciertas áreas claramente delimitadas. Mencionar también de paso la crucial importancia que para la psicología profunda tiene la física moderna, al dar importancia a ciertas áreas que investiga, proponiendo un nuevo tipo de objetividad, una objetividad científica que incluye lo subjetivo.

En cambio he decidido que sería apropiado en esta presentación compartir con ustedes un factor personal que pudo contribuir a mi error parcial de hace veinticinco años al proponer las discusiones originales de mi ensayo sobre «Introspección y empatía» para no malinterpretar mi intento. Por razones que no puedo explicar, desde la infancia y desde que tengo uso de razón, he estado familiarizado con la relatividad de nuestras percepciones de la realidad y con la relatividad de las estructuras de conceptos ordenados que dan forma a nuestras observaciones y explicaciones. Siempre creí que todo el mundo compartía este conocimiento, y cuando, más tarde en la vida, durante mi adolescencia, estudié el trabajo de los grandes investigadores clásicos del conocimiento humano (desde Platón a Kant) y hablé con mis amigos acerca de lo que habían escrito, traté de resolver las dificultades que ellos parecían tener en comprenderlos. Y lo mismo ocurrió cuando, mucho más tarde, adquirí conocimientos, aunque fueran superficiales, a partir de la perspectiva científica de los físicos modernos, especialmente de Einstein y no tanto de Planck y Heisenberg. Mientras que las complejidades de la aplicación de sus perspectivas estuvieran más allá de mi alcance, fue siempre fácil para mí aceptar sus postulados básicos por lo menos como una cuestión indiscutible.

Hace veinticinco años, en mi escrito sobre «Introspección, empatía y psicoanálisis», yo explicaba con detalle la aplicación de este postulado básico en el campo de la psicología profunda, tratando de mostrar que una realidad objetiva es en principio inalcanzable y sólo podemos informar acerca de los resultados de operaciones específicas. Simplemente supuse que compartía esta postura básica con todos mis colegas científicos y esperaba que ellos pudieran aprobar o rechazar, sea total o parcialmente, y aceptar algunas de las detalladas conclusiones que yo había esbozado desde mi consistente aplicación del principio básico mencionado anteriormente. Yo nunca había considerado el hecho de que tendría que defender mi «operacionalismo», mi claro establecimiento de que el conocimiento de la realidad *per se*, sea extrospectiva o introspectiva, es inaccesible y que podemos sólo describir lo que vemos dentro de la estructura de lo que hemos hecho para verlo.

Pagué cara mi ingenua presunción de que todos mis colegas compartían este conocimiento de la inaprehensibilidad –el principio del desconocimiento– de la realidad. Personalmente creo que no estaba lo suficientemente preparado para la incomprensión de mis colegas acerca de los temas –temas debatibles– que yo había presentado. Estaba, también, poco preparado para el hecho de que la única cosa a discutir por mis colegas fuera para mi un tema que ni siquiera existía. Retrospectivamente he comprendido que no podía hacer nada para prevenir la tormenta. He podido ver que las explicaciones y elucidaciones graduales de mi postura básica, utilizadas por mí y por un número que crece entre mis colegas que la comprenden, constituye una fase del trabajo científico a través del cual se facilita la seria consideración de los cambios en la teoría y la práctica del psicoanálisis que propone la psicología del self.

Bien, entremos ya directamente en alguno de los temas concretos que, hace veinticinco años, me impulsaron a iniciar el camino científico que he estado siguiendo desde entonces. Para nuestros propósitos actuales me concentraré en un tema singular: el concepto de «pulsión» en psicoanálisis y sus consecuencias. Enfatizaré inmediatamente una vez más que no es la presencia del concepto de pulsión «per se», no es la aislada inconsistencia de la intrusión de un vago e insípido concepto biológico dentro de un maravilloso sistema de psicología que me habría estimulado hacia la acción científica –y lo mismo puede decirse con respecto a mi actitud frente a los conceptos de «dependencia», «autonomía», «identidad» y «adaptación» importadas de la psicología social. No fue la inconsistencia teórica la que me movió a mis reflexiones, sino mi convicción de que el concepto de «pulsión» (tal como decíamos en referencia a los intrusos sociológicos dentro de la psicología profunda) ha tenido un significado de consecuencias nocivas para el psicoanálisis.

En circunstancias normales no encontramos «pulsiones» a través de la introspección y la empatía. Siempre experimentamos la unidad psicológica irreducible que puede tener la forma de un self amoroso, libidinoso, asertivo, hostil-destructivo. Cuando las pulsiones alcanzan un cierto protagonismo en nuestra experiencia, estamos tratando con productos de desintegración: en el reino del Eros, el self fragmentado asiste impotente al dominio de una febril e intensa experiencia de placer, la zona erógena que da placer es la que domina, y por lo tanto «la pulsión» pasa por encima del self; o, en el reino de Tánatos, el self fragmentado ve impotentemente como es reemplazado por una febril e intensa experiencia de rabia, por el dominio de una vivencia catastrófica de destrucción o autodestrucción y, de nuevo, la pulsión predomina por encima del self.

Todas las anteriores conclusiones fueron expuestas (o al menos estaban implícitas) en mi ensayo de 1959. También señalé entonces las consecuencias

169

específicamente nocivas (del uso del concepto de «pulsión»), que me obligaron a subrayar el hecho de que «la pulsión» no pertenece a un sistema psicológico. Específicamente, mostré las distorsiones de nuestras percepciones psicológicas en el área de la «independencia», «dependencia», «libertad» y en el área del conjunto de fenómenos que nosotros ahora llamamos transferencias de objetos del self.

¿Y qué es lo que he dicho desde entonces en apoyo a mi punto de vista, y qué queda por decir hoy? Mucho, en efecto. No sólo en lo que concierne al ayer y al hoy, sino también por lo antedicho, en lo que concierne al mañana, ya que el trabajo empezado por mí y mis colegas debe ser continuado por una joven generación de psicoanalistas informados en la psicología del self.

De nuevo me siento obligado a suponer que muchos de ustedes están familiarizados con mi trabajo –aunque sé perfectamente que mientras un número importante ha estudiado mis trabajos, sólo hay unos pocos que han profundizado en ellos empleando suficiente tiempo y energía en la tarea para poder decir que realmente los han leído. Entonces, como obviamente no puedo repetir aquí lo que he dicho en centenares de páginas durante los últimos diez años o más, me limitaré a identificar más o menos brevemente ciertas áreas importantes en las cuales no me puedo centrar hoy extensamente.

En primer lugar, el aspecto que quiero mencionar es la contradictoria interrelación entre la psicología pulsional (instintivista) por una parte, y por otra el moralismo oculto (el moralismo del «enfrentar-valientemente-la-verdad» y el moralismo de la «independencia») tan característicos del análisis tradicional.

En segundo lugar, deseo recordarles mis anteriores esfuerzos para que mis colegas tomaran conciencia de la visión del hombre, de la naturaleza esencial del hombre, del hombre normal, tal como el análisis tradicional lo ha sostenido: el hombre como un animal incompleta e insuficientemente domesticado, que no quiere renunciar a sus deseos para vivir según el principio del placer, que no puede abandonar su destructividad innata. Puesto que la segunda de estas dos características básicas del psicoanálisis será el punto de partida del segundo tema de la presentación de hoy, elaboraré, en preparación para el paso dentro del nuevo plano que yo les prometí para hoy, mis pensamientos concernientes a la visión del hombre que el análisis tradicional adopta desde la «Zeitgeist»[4] en la cual se basó –una visión del hombre a la cual se suscriben la mayoría de analistas como una materia que se da por supuesta. Primero les recordaré que hemos denominado a la naturaleza psicológica del hombre expuesta por el análisis tradicional con el término «Hombre Culpable», mientras que nosotros hemos designado la visión correspondiente de la psicología del self con el término «Hombre Trágico». No discutiré estos dos puntos de vista de la naturaleza del hombre otra vez, pero añadiré únicamente un comentario que, al menos

---

4. Contemporaneidad, espíritu de la época, se refiere al ambiente científico imperante en los tiempos de Freud.

que yo sepa, no he formulado antes. Aunque Freud profesó la creencia de que el tema básico del psicoanálisis era el «homo natura» y que la investigación de su vida interna podría ser por ello considerada dentro del dominio de las ciencias naturales, y por tanto integrada lo más posible a la biología y la medicina, la adhesión al concepto casi biológico de pulsiones procesadas por un aparato neutro no nos ha conducido, de hecho, a un concepto biológico del hombre. Lo que emergió no fue el «homo natura», una unidad biológica interactuando con su entorno, sino el «Hombre Culpable», una visión psicológica y moral del hombre, una concepción del hombre entendida como alguien que no quiere renunciar a sus viejos impulsos placenteros aunque estos no sean adaptativos, de manera que se «resiste» al análisis terapéutico; según esta concepción el hombre no estará predispuesto a permitir que sus impulsos agresivo-destructivos sean domesticados y por tanto le conduce a enredarse en guerras o a tener una predisposición hacia la autodestrucción (Freud, 1933). Dentro de ciertos estrictos límites, el sistema explicativo del «Hombre Culpable» ha sido bastante útil. Pero, a menos que sea complementado o subordinado al punto de vista de la psicología del self que puede colocar la experiencia humana en el centro de una perspectiva psicológica del hombre, la visión tradicional resulta engañosa. La psicología del self se ha librado de la visión distorsionada de la psicología del hombre sostenida por el análisis tradicional porque, habiendo aceptado el hecho de que lo que define el método de observación en psi-

coanálisis es de forma axiomática y absoluta la introspección y la empatía, no se posiciona como biología
o psicobiología sino que se ve a sí misma como una
psicología profunda. El análisis tradicional, por otro
lado, debe llevar la carga impuesta sobre sí por su
necesidad de someterse a la biología –a través de la
concepción *quasi-biológica* de los impulsos prima-
rios que son procesados por un aparato mental. El
resultado final es, como dije antes, no un «homo natura» sino una visión psicológica distorsionada que resulta engañosa, porque considera con frecuencia un conjunto de fenómenos como constituyentes de la
«normalidad» y conduce a serios malentendidos en la
concepción del hombre, tanto en el setting terapéutico como en el ámbito de la historia.

El siguiente paso al que voy a referirme, una tarea
de reformulación a la que yo hasta ahora sólo he hecho
alusiones, es la reevaluación de las relaciones intergeneracionales del hombre y, por excelencia, la re-eva-
luación de la matriz psicológica profunda en la cual,
en la visión tradicional del análisis, son encajados ciertos desarrollos normales cruciales de la infancia. Ello
es, por supuesto, el Complejo de Edipo del cual voy
a hablar.

¿Y como comparar la evaluación que hace la psicología del self del conflicto central intergeneracional,
en particular la forma específica del complejo de Edipo,
con la que hace el análisis tradicional? En resumidas
cuentas: 1) está de acuerdo con la estimación de la
ubicuidad de su ocurrencia, está de acuerdo en que,
por lo menos esquemáticamente, su presencia puede

ser frecuentemente descubierta. Y también está de acuerdo, aunque este acuerdo se basa en la modificación de significado que propone que se trata sólo de un eslabón, y no el más profundo, en una cadena causal, que el complejo de Edipo es un constituyente de un conjunto causal de factores y que constituye un «vis-a-tergo»[5] que da como resultado comportamientos perjudiciales o sufrimiento neurótico. Y 2), la psicología del self, sin embargo, discrepa completamente con el psicoanálisis tradicional en lo concerniente al significado de lucha intergeneracional. Específicamente, el análisis tradicional cree que la naturaleza esencial del hombre es comprensiblemente definida cuando es visto como «Hombre Culpable», como un hombre sin esperanza, en conflicto entre los impulsos que fluyen desde un lecho de roca biológico de «homo natura» y las influencias civilizadoras que emanan de un entorno social representado en el Superyó. La psicología del self cree que la esencia del hombre se define cuando es visto como un self y que «homo psicologicus» (si me excusan, el término es para contrastar con el «homo natura») es, en el nivel más profundo, «Hombre Trágico», que trata de poner en marcha, y nunca con bastante éxito, el programa que yace en su profundidad durante toda su vida.

¿Qué obstaculiza la aceptación de nuestro punto de vista?, ¿por qué no podemos convencer a la mayoría de aquéllos que han adoptado la visión psi-

5. N. del T.: «Algo que empuja, que presiona desde abajo hacia arriba».

coanalítica tradicional que la lucha intergeneracional, los deseos mutuos de matarse, «el complejo de Edipo patológico» (distinto del estadio edípico normal) no se corresponden a la esencia del hombre sino que son desviaciones de lo normal, aunque puedan ocurrir con frecuencia? ¿Por qué no podemos convencer a nuestros colegas de que la normalidad, aunque rara en su forma pura, es un movimiento hacia adelante en el desarrollo, alegremente experimentado en la niñez? Incluso durante el paso por la fase edípica, si hay por parte de los padres una respuesta de orgullo y empatía, el self del hijo se expande; y si ellos reconocen así, de forma jubilosa, a la próxima generación, entonces se reafirma el derecho de la generación más joven a desplegarse y ser diferente.

En definitiva, y dicho en otras palabras, nosotros creemos que no estamos hablando de instintos contrarios básicos (Tánatos que batalla contra Eros) que chocan de forma inevitable, sino de interferencias, potencialmente remediables, que dificultan el desarrollo normal. No voy a hablar, como algunos de ustedes podrían esperar ahora, de las resistencias a nuestro punto de vista. En cambio, me gustaría centrarme en un rasgo de las habilidades de Freud como promulgador de sus ideas, un rasgo que estaba profundamente arraigado en su personalidad y al que no se ha prestado la atención que merece. Se trata de su gran habilidad en mitificar los conceptos clave de su sistema científico y así instaurarlos firmemente, a través de su denominación y de su implicación cultural inherente, en las mentes de su siempre creciente círculo de seguidores.

Aunque los medios a través de los que Freud alcanzó su estatura histórica en el devenir del pensamiento son dignos de investigación psicológica, yo no trataré aquí las posibles raíces genéticas y las funciones dinámicas de este aspecto del genio de Freud; en cambio me centraré únicamente en un rasgo específico de sus resultados científicos: a saber, que el crítico que desea cuestionar ciertos puntos de vista básicos propuestos por Freud debe afrontar una tarea que es inmensamente más extensa que la simple argumentación lógica y su consiguiente sustentación con la presentación de evidencias clínicas. Después de todo lo que se pueda decir y hacer, e independientemente de la cuidadosa y convincente manera de presentar los argumentos, finalmente las formulaciones de Freud recuperan su vieja influencia en nuestras mentes a través de una atracción que está profundamente arraigada, ante la que la lógica y la evidencia retroceden.

Quede claro que no estoy presentando este problema en abstracto, sino para iluminar nuestra dificultad cuando intentamos reevaluar el poder explicativo del concepto de Freud del «Hombre Culpable», es decir, su enfoque de que la naturaleza esencial de hombre se define en relación a la disputa intergeneracional, y de manera especial, cuando intentamos reevaluar el conflicto intergeneracional paradigmático entre el padre y el hijo, es decir el complejo de Edipo. Qué carentes de sabor, qué sosos suenan nuestros argumentos cuando afirmamos una normalidad de manual en analogía con «la anatomía del ser normal», «la fisiología del ser normal», «el metabolismo del ser normal» (una normalidad tan bellamente definida por Daly King (1945) como «aquello que funciona de acuerdo con su designio») en comparación con la terminología suculenta y poderosamente evocadora de Freud. Qué insípida es la normalidad de la fase edípica, alegremente experimentada por el padre y niño, en comparación con el trasfondo silenciosamente dramático del complejo de Edipo: el rey Edipo, la figura míticamente exaltada que en la tragedia de Sófocles se nos presenta como un autómata que inexorablemente se dirige, paso a paso, a un destino predeterminado y cuya condición humana y libertad dependerán de la habilidad de reaccionar a su dolor indecible a través de la palabra y de la acción comunicativa.

¿Qué instrumentos tiene un crítico a su disposición para neutralizar la magia de Freud? Yo creo que dos: uno más débil y otro más fuerte. El más débil es el esfuerzo por minar el poder del mito que ha apoyado el concepto de Freud analizándolo para demostrar que no sólo no sustenta la teoría original sino que, de hecho, apoya el nuevo enfoque que ahora proponemos para suplantar al viejo. Éste es el abordaje racional. El más fuerte –se tiene que recurrir a Belcebú para poder echar al diablo, tal como dice el refrán– es presentar una dosis de contra-magia para neutralizar y superar lo que se está aguantando por las reglas preestablecidas. De momento voy a posponer la primera tarea (la re-interpretación del mito), y me dedicaré directamente a la segunda, que dicho sea de paso, me ha proporcionado la parte final, indudablemente enigmática, del título de mi artículo. En otras palabras me voy a centrar ahora en el «semicírculo de la salud mental». Mi contra-magia se deriva de una historia contada por Homero. No es una historia trágica en el sentido de *tragos*, el macho cabrío sacrificial del culto de Dionisio del que la tragedia, en el sentido de Sófocles, evolucionó y sacó su nombre, sino trágico en un sentido humano, tal como estaría representado en Eurípides: el hombre esforzado y con recursos, intentando desplegar su más profundo self, que batalla contra los obstáculos externos e interiores que se oponen a su desarrollo; el hombre afectuosamente comprometido con la próxima generación, con el hijo en cuyo desarrollo y crecimiento él alegremente participa. Ésta es la experiencia más gozosa, la más profunda y la más central que el hombre pueda sentir, la de ser un eslabón en la cadena de generaciones.

¿Han adivinado ya en quién se va a personificar mi contra-magia? ¿Pueden dar con la solución del enigma que propuse cuando, en el título que yo di a este artículo, hablé del «semicírculo de la salud mental»? En caso negativo, voy a acabar con el suspense y contaré la historia que les sacará de la incertidumbre. Es, me gusta pensar, la primera historia que se ocupa de un individuo que, aunque todavía rodeado por héroes semidioses, es un hombre moderno. Me parece que así podremos identificarnos con él más fácilmente que con la víctima ritualmente destruida de la tragedia de Sófocles, y nuestra comprensión de sus intentos y tribulaciones humanas será más fiable que la que podemos alcanzar a través del

Rey Edipo, alguien que es propulsado hacia su destino. Es la historia del primer objetor al servicio militar en la historia de la literatura: la historia de Ulises.

Cuando, tal como lo cuenta Homero, los griegos empezaron a organizarse para su expedición troyana, llamaron a filas a los distintos jefes con sus hombres, naves y suministros. Pero Ulises, gobernante de Ítaca, joven aunque iniciando su madurez, con una esposa joven y un hijo bebé, lo era todo menos un entusiasta de la guerra. Cuando los delegados de los estados griegos llegaron para evaluar la situación y para forzar la colaboración de Ulises, éste se fingió enfermo, simulando estar loco. Los emisarios –Agamenón, Menelaus, y Palámedes– lo encontraron arando con un buey y un asno uncidos juntos, y echando sal hacia atrás como si estuviera sembrando sin mirar; en su cabeza llevaba un sombrero estúpido de forma cónica, como el que suelen llevar los orientales. Ulises fingió no conocer a sus visitantes y todo lo que hacía daba a entender que había perdido el entendimiento. Pero Palámedes sospechó el engaño. Tomó a Telémaco, el hijo-bebé de Ulises, y lo puso delante del arado de Ulises. Inmediatamente Ulises hizo un giro y trazó un semicírculo con su arado para evitar así dañar a su hijo, movimiento que demostró su salud mental y le hizo acabar confesando que había fingido la locura para evitar ir a Troya.

Esta es pues la solución al enigma. Este es el semicírculo de Ulises que, como una expresión de la salud mental, lo opongo al parricidio de Edipo. Quizá no sea un argumento muy científico y con una capacidad de atracción de tipo emocional que reside en su simple humanidad; pero al fin y al cabo este es también el atractivo de Edipo y su complejo. Este semicírculo del arado de Ulises no demuestra nada, por supuesto, pero es un símbolo muy adecuado de la gozosa conciencia que tiene el ser humano de ser temporal, y de tener un destino por desarrollar: un principio de preparación, un intermedio de florecimiento y un final retrospectivo; un símbolo adecuado del hecho de que el ser humano sano siente, con la alegría más profunda, a la siguiente generación como la extensión de su propio self. Por tanto, la primacía del apoyo a la siguiente generación es aquello que es normal y humano, y no la lucha intergeneracional ni los deseos mutuos de matar y destruir (aunque frecuente y ubicuamente podamos encontrar señales de estos productos patológicos de desintegración de los que el análisis tradicional nos ha hecho pensar que corresponden a una fase normal del desarrollo, una experiencia normal del niño). Es sólo cuando el self de los padres no es normal, ni sano, ni cohesivo, ni vigoroso, ni armónico, que éstos reaccionarán con competitividad o seducción más que con satisfacción y afecto, cuando el niño a los cinco años de edad evoluciona lleno de alegría hacia un grado, hasta entonces no alcanzado, de asertividad, generosidad y afecto. Este self asertivo y afectuoso, recién constituido en el niño, puede desintegrarse y dar lugar a la aparición de la hostilidad y lujuria del complejo de Edipo, y ello es en respuesta a un self parental defectuoso que no ha podido resonar con una identificación empática

Y ahora unas breves palabras acerca de la reinterpretación del mito edípico que prometí con anterioridad. Llama la atención que nadie, al menos por lo que yo sé, haya señalado de una manera clara una característica del mito edípico que se refiere a la relación entre generaciones, un aspecto de la historia que es realmente notable, sobre todo si lo comparamos con la historia paralela de la relación intergeneracional tal como nos la cuenta Homero: la relación entre Ulises y su hijo Telémaco. Es como si los analistas hubieran invertido su habitual punto de vista al analizar *Edipo Rey* y tomaran así el contenido manifiesto –el parricidio y el incesto– como si fuera la esencia, e ignoran en cambio un dato clave en los antecedentes de la historia, que nos permite ver la relación entre padres e hijo de una manera muy diferente. Que Edipo fuera un niño rechazado, ¿no tendría que ser la característica dinámico-genética más importante de la historia edípica? No importa que el oráculo omnisciente haya sido una manera cómoda de racionalizar el fallo humano de desobedecer a los dioses. El hecho es que Edipo no fue deseado por sus padres y fue abandonado a la intemperie por ellos. Edipo fue abandonado en el páramo para morir. Aunque el self atractivo-asertivo de Edipo encontró unos sustitutos paternos, por fuerza tuvo que permanecer el sentimiento profundo de este rechazo original. Al poner la atención en esta parte de la historia ¿podemos ver el complejo de Edipo de *Edipo Rey* de una manera diferente? Y todavía quedará más claro si lo comparamos con la respuesta intergeneracional que dio Ulises (el semicírculo de su arado) que condujo a la ulterior relación entre padre e hijo (aquí conviene recordar que el hijo luchó junto con su padre contra los pretendientes que venían de afuera para restablecer así los lazos intrafamiliares). Yo sostengo que ésta es la esencia verdadera y nuclear de la humanidad. Y esta esencia nuclear del ser humano no es un simple fenómeno superficial, ni una muestra de una costra civilizada de la personalidad precariamente mantenida, ni tampoco una formación reactiva. En cambio constituye el núcleo esencial del self. A menudo sólo podremos acceder a este núcleo de nuestros pacientes a través de importantes dificultades.

Voy a detenerme en este punto. Mi mensaje principal de hoy es el mismo que el de hace veinticinco años. Entonces me sentí impulsado a la acción al ver cómo el desajuste operativo que conducía al marco psicobiológico de la teoría analítica, nos había inducido a severas distorsiones en nuestra percepción de la esencia psicológica del hombre sin conseguir tampoco una verdadera integración del análisis con la biología y la medicina. Freud, al sostener la primacía de las pulsiones, nos suministró la base para una conceptualización específica y también incompleta del hombre psicológico: el «Hombre Culpable», instado a ser civilizado y reacio a aceptarlo. Por otro lado, sentí que los dos tipos de universo accesibles a la ciencia quedaban definidos operacionalmente según la postura del observador. Las ciencias que exploran aquellos campos que son accesibles a través de la extrospección: las ciencias físicas y biológicas. Y las ciencias que exploran los campos que son accesibles a través de la introspección: el psicoanálisis por excelencia.

En la primera parte del artículo repetí lo que dije hace veinticinco años. Y espero haber conseguido transmitir de manera clara e inteligible cuál es mi opinión acerca de la teoría psicoanalítica que no es cercana a la experiencia.

En la segunda parte reinterpreté el enfoque y el sentido de una teoría cercana a la experiencia, la teoría del complejo de Edipo, a la luz del cambio que yo propongo: de la psicobiología a la a la psicología, del «homo natura» al «homo psicologicus». Y sostuve que la fuerza que nos impulsa a trazar el semicírculo del arado de Ulises reside en el núcleo más central de nuestro self, mientras que las fuerzas que nos impulsan a seguir los pasos del rey Edipo constituyen sólo la capa superficial del self que recubre al núcleo.

¿Se podría pensar que esta conclusión está motivada por la necesidad de falsear la realidad para alcanzar así una imagen optimista del ser humano? Mi respuesta sería no. La ciencia no tiene que ser ni optimista ni pesimista, la ciencia sólo observa y explica. Así, como psicólogo de lo profundo, yo suelo observar que detrás de un trastorno edípico suelen haber respuestas defectuosas de los objetos del self. Y que detrás de éstas suele estar todavía viva la esperanza normal de encontrar un entorno que pueda promover el crecimiento del self. Si en el futuro aparecen datos nuevos que demuestren la existencia de capas todavía más profundas, verificaremos la evidencia y cambiaremos nuestra teoría.

Ahora bien, lo que no creo que pueda cambiar es la perspectiva psicológica. Si tal cambio acabara sobreviniendo, ello implicaría que el psicoanálisis, la psicología profunda, habrá sido superada, habrá pasado a ser cosa del pasado. Pero esto no nos tiene que preocupar ahora, el análisis esta en su infancia. Ciertas analogías con la medicina, como el quitar la enfermedad en lugar de restablecer la salud psicológica a través de la interpretación y de la respuesta empática de sus demandas, han motivado que el psicoanálisis haya sólo arañado la superficie del fascinante misterio del hombre. ¿Cómo puede el análisis volver a su self nuclear y así, a través de la realización de su programa esencial de acción, avanzar hacia su destino? Solamente lo puede hacer si alcanza a dar el paso evolutivo de conseguir una completa internalización transmutadora del gran objeto del self parental de su pasado. Si se tiene éxito en esta tarea, conseguirá hacer lo que necesita para poder seguir vivo: debe pasar de estudiar a Freud a estudiar el ser humano.

BIBLIOGRAFÍA

BENEDEK, T. (1960), «The organization of the reproductive drive», *International Journal of Psychoanalysis* 41: 1–15.

FREUD, S. (1933), «Why war», *The Standard Edition of the complete psychological works of Sigmund Freud*, Vol. XXII, Londres: Hogarth Press, 1957 [vers. cast.: *Obras completas*. Trad. José Luis Etcheverry, Buenos Aires: Amorrortu Editores].

KING, D. (1945), «The meaning of normal», *Yale Journal of Biolology and Medicine*, 17: 493–501.

KOHUT, H. (1959), «Introspection, empathy and psychoanalysis. An examination of the relationship between mode of observation and theory», *Journal of the American Psychoanalytic Association*, 7: 459–483.

KOHUT , H. (1971), *The Analysis of the Self*, Nueva York: International Universities Press [vers. cast.: *Análisis del Self*, Buenos Aires: Amorrortu Editores, 1977].

KOHUT , H. (1973a), «The future of psychoanalysis», *The Annual of Psychoanalysis*, 3: 325–340.

KOHUT , H. (1973b), «The psychoanalyst in the community of scholars», *The Annual of Psychoanalysis*, 3: 341–370.

KOHUT , H. (1977), *The Restoration of the Self*, Nueva York: International Universities Press [vers. cast.: *La restauración del sí-mismo*, Barcelona: Paidós, 1980].

KOHUT , H. (1978a), «Letter to Eric Heller», *Critical Inquiry*, 4: 441.

KOHUT , H. (1978b), «The Search for the Self», editado por P. H. Ornstein. Nueva York: International Universities Press.

KOHUT , H. (1980), «Summarizing reflections», en A. Goldberg (ed.) *Advances in Self Psychology*, Nueva York: International Universities Press, 473–554.

WATT, I. (ed.) (1965), *The Life and Opinions of Tristam Shandy*, Vol. 5, Boston: Hought. Mif., Riverside [vers. cast.: *La vida y opiniones del caballero Tristam Shandy*, Madrid : Ediciones Alfaguara, S.A., 1997].

TERCERA PARTE

KOHUT Y EL PSICOANÁLISIS DEL FUTURO

III

LA TÉCNICA DE KOHUT
Y EL PSICOANÁLISIS DEL FUTURO

R. Armengol Millans

Kohut es liberador. Es un ilustrado partidario del pensamiento racional y libre. Invita al lector, apremia al psicoanalista a entender a la persona y a su desarrollo de manera coherente y acorde con la realidad del medio humanizado. Su pensamiento es esperanzado y abierto y, en consecuencia, evita adherirse a concepciones parciales y sectarias. No acepta que el género humano esté conducido por fuerzas oscuras y perversas o por pulsiones desestabilizadoras. Los hombres pueden ser entendidos como proclives al egoísmo, al interés excesivo que puede reportar desasosiego para sí mismos y daño a los demás, pero se aleja de la visión del hombre como portador de una especie de mal radical. A su vez piensa que, en general, se es susceptible de un cierto cambio que puede abrir el acceso a una vida más feliz, independiente y libre. El lector que no tenga prejuicios puede que saque sus conclusiones después de leer su interesante pero difícil trabajo póstumo sobre el semicírculo de la salud mental, que hemos querido incluir en este libro conjuntamente con «Los dos análisis del Sr. Z». Las páginas dedicadas a la empatía son memorables, y el final del artículo es una muestra de la decisión de Kohut para mantenerse libre de cualquier atadura ideológica o institucional. Difícilmente se puede ser más directo y preciso: se «debe pasar de estudiar Freud a estudiar el ser humano». Éste es el lenguaje de la ilustración.

Kohut publicó los análisis de Z dos años antes de morir. Quiso manifestar expresamente lo que había aprendido y cómo modificó su técnica. Quiso enseñar el modo por el que decidió abandonar la interpretación doctrinaria que procede de una ideología y sustituirla por un diálogo atento, respetuoso y empático. Y, lo que es sumamente importante, decidió proponer que la empatía deviene la actitud y el principio nuclear del método psicoanalítico.

El cambio de técnica propuesto por Kohut es tan substancial e importante que se trata de una modificación de amplias y esenciales repercusiones de todo tipo. Según mi juicio el futuro del psicoanálisis se basará en gran medida en la técnica desarrollada por Kohut. Su reflexión sobre la técnica pone en cuestión las concepciones del propio Freud sobre el supuesto primado y excelencia de la interpretación como intentaré mostrar enseguida, al comentar el alcance del segundo análisis de Z. Después de años de reflexión acerca del mundo diverso del psicoanálisis, pienso que la actitud y el oficio de Kohut permiten desplegar un mejor análisis, más útil, más respetuoso para con la dignidad del paciente, menos doloroso para él y más provechoso y profundo.

Al prescindir casi por completo de la interpretación tradicional en términos de la metapsicología clásica y substituirla por la aceptación de lo que explica el paciente y la comprensión empática de lo que éste diga, quedan marcados con gran precisión los límites de la técnica. De este modo, la persona que se trata no es vista con tanta sospecha como, de modo gene-ral, sucede en el psicoanálisis tradicional donde lo que se diga de los iguales y de los mayores se tiende a inter-pretar como una proyección de contenidos incons-cientes. La técnica clásica está muy encadenada a una concepción teórica que establece la primacía del incons-ciente susceptible de conciencia tanto para el carácter como para la patología. En consecuencia, no es nada infrecuente que en este tipo de análisis se confíe poco en la veracidad del paciente que, por imposición de la teoría, sólo sabría de su conciencia, pero sería igno-rante de una especie de designios secretos algo per-versos. En tales supuestos, no es raro que se interprete lo explicado en la sesión como una proyección y, de esta forma, el paciente tiene que sufrir un dolor innece-sario al no sentirse correctamente aceptado y com-prendido. En la descripción del primer análisis de Z se puede ver muy claramente lo que acabo de afirmar.

Por otra parte, creo que no se acaba de entender a nuestro autor si no se está dispuesto a aceptar que su crítica está dirigida a la técnica del propio Freud.

Así es, en efecto, cuando al denominar como psicoanálisis tradicional o clásico se refiere a aquél que entronca directamente con el fundador del psicoanálisis. Podría decirse que lo que Kohut propone es un mejoramiento del método que legó Freud. Así lo entiendo. Por consiguiente, aunque no sea nada fácil de aceptar por los adherentes del psicoanálisis tradicional o clásico –freudianos, lacanianos, kleinianos, etc.– cada vez resulta más evidente que el principio metódico, augusto e intocable, acerca de la *via di levare*[1], solo puede mantenerse si, como hace Kohut en el trabajo sobre Z, se deja de lado la interpretación

---

1 *Via di levare* por oposición a *via di porre* en su origen fueron dos expresiones de Leonardo da Vinci sobre el arte. Freud, en su trabajo de 1905 *Sobre psicoterapia* propuso muy oportunamente que estas expresiones también pudieran representar dos actitudes psicoterapéuticas fundamentales. Por *via di levare* se entendería de una manera concisa y sencilla el propio método psicoanalítico ya plenamente establecido en aquella época. En este trabajo Freud recomienda, expresamente, la prohibición de colocar algo propio en la mente del paciente. Tal proceder sería actuar por *via di porre*. Por consiguiente, la actitud analítica sería la contraria: apoyar y ayudar a que el paciente se abra y pueda hablar de su intimidad, levantar los diques de la vergüenza, del miedo, etc. De este modo operamos por *via di levare*. Según mi juicio, éste es un principio muy fuerte del psicoanálisis.

El denodado intento de poner lo propio en la mente de los demás es una de nuestras servidumbres y un grave defecto del científico. Una tal pasión y propensión sólo puede contrarrestarse mediante un diálogo entre iguales donde quede excluido cualquier tipo de paternalismo, incluido el de corte ideológico. Lamentablemente, cuando Freud dice inclinarse decididamente por una práctica que se base en la *via di levare*, a su vez, permite que se produzca la intromisión de una potente concepción ideológica en el método establecido. Me refiero a la ideología sobre la sexualidad perversa infantil que caracteriza el complejo de Edipo. En efecto, en esta época ya se había producido el desafortunado análisis de Dora cargado de ideología.

omnisciente y cerrada basada en la metapsicología tradicional de origen freudiano y se la substituye por el diálogo basado en la empatía.

En mi libro *El pensamiento de Sócrates y el psicoanálisis de Freud* propuse que el psicoanálisis que quiere operar siguiendo los principios de la *via di levare* se enraíza en la mayéutica socrática. La dialéctica socrática consistía en un diálogo donde el maestro, que rehúsa aceptar este honorable calificativo, procura no poner nada propio en la mente de quien quiere conocer, de manera que éste quede libre de la intrusión de cualquier ideología que no sea la propia. Hasta aquí el Sócrates originario. Ulteriormente, Platón en los diálogos de la época media va introduciendo su doctrina y va describiendo un Sócrates platónico, pero esto no nos incumbe en esta ocasión. Hemos de mirar si Kohut introduce doctrina en el ejercicio de su oficio. Ni el propio Freud, descubridor del método, pudo liberarse de esta gran tentación como seguiré argumentando.

Me parece oportuno señalar, a modo de guía de mi pensamiento, una reflexión de carácter científico al margen de ideologías o doctrinas, que se refiere a la medicina en la época moderna. En la actualidad la medicina opera sin teorías ni doctrinas, solamente se deja gobernar por el *conocimiento o saber*. La ciencia no puede basarse más que en el saber racional e universalizable sujeto a verificación y refutación. Con el ánimo de que se entienda lo que quiero expresar, resumo mi tesis acerca de este importante asunto: la medicina, actualmente, no necesita de ningún tipo de teorías a diferencia de lo que sucedía en la época medieval mientras que, por ejemplo, la homeopatía sigue necesitando de teoría y doctrina. El psicoanálisis si quiere ser respetado debe conducirse como se hace en el estudio de la medicina, no puede proceder como hace la homeopatía al pretender fundamentar su práctica en especulaciones carentes de base científica. Mi enjuiciamiento del psicoanálisis me lleva a afirmar que si éste quiere hermanarse con el pensamiento científico deberá abandonar la especulación teórica y limitarse a lo práctico, a la técnica. Pienso que así opera Kohut en el segundo análisis de Z.

Por otra parte, resulta muy claro para el lector que en el primer análisis, de corte tradicional, la mayoría de las interpretaciones del analista son el fruto directo de una doctrina, no proceden del saber. La evolución de Kohut señala y permite un camino abierto en el que el análisis no necesite de ideología y doctrina. Para su bien el psicoanálisis debe abandonar el deseo originario de construir una teoría de la neurosis porque si persiste en este camino ilusorio se arruinará. El psicoanálisis debe cambiar mucho y, al renunciar a las teorías analíticas habituales, renovará su paradigma. El análisis, añado, no puede aspirar a ser más que un oficio o práctica.

Para mostrarnos su forma de trabajar Heinz Kohut, con el supuesto segundo análisis del Sr. Z, construye una meritoria y fingida obra para ilustrar el gran cambio de técnica. En un primer momento, se vale de un análisis real, seguramente el de sí mismo, para enseñarnos ulteriormente a modo de contrapunto, con un segundo análisis supuesto, lo que pensó que hubiera debido hacerse para realizar un psicoanálisis más consistente, empático y profundo. Así, a modo de crítica de un análisis real conjetura un segundo análisis de Z.·

Comparando ambos análisis se hace muy evidente el cambio de la técnica y de estilo y, en consecuencia, se muestra que la manera de ejercer el oficio es completamente diferente. Es importante señalar que Kohut refiere que en el segundo análisis el grado de profundidad del tratamiento aumenta considerablemente. El autor del segundo análisis adviene un profesional sencillo y amable, y establece como norma principal de la técnica adoptar un grado muy alto de respeto para con el paciente para que no sufra innecesariamente. Abandona la técnica de la sospecha, acerca de lo que estaría oculto y requeriría interpretación. Ésta, la interpretación, según el análisis canónico tendría la virtud de desvelar y, de este modo, recuperar el significado. Kohut substituye todo este proceso complejo por la escucha empática sin más teorías. Una gran lección, ¡escucha libremente flotante y empática sin prejuicios ideológicos; respeto, amabilidad, paciencia, respuesta sencilla; lo más esencial de nuestro método!

Kohut habla de la alegría y del orgullo del ser humano cuando va creciendo, algo que creo fundamental y, a su vez, definitorio. Algo muy hermoso que no tienen en cuenta la mayoría de psicoanalistas afincados en otra tradición donde algunos hablan sin discriminar suficientemente, como si se tratara de algo evidente y universal, de la nostalgia del humano por dejar de ser niño.

Contra el hábito analítico que ama o no puede librarse de la oscura ideología, algo romántica, que entiende el ser humano como culpable de un original pecado, el ánimo liberador de Kohut no es nada menospreciable. Sexualidad perversa, envidia, destructividad, sadismo y otros pecados, ahora llamados pulsiones, el ilustrado Kohut no se los cree. Se enfrenta a aquéllos que no pueden hacer otra cosa mejor que asustarnos con tales concepciones y con una franqueza que conmueve por su valentía, caso de ser él mismo, nos presenta cómo fue Z en su juventud. Se supone que Kohut quiso hacer una crítica de su análisis personal, que fue tradicional, sin denunciar a su analista. A la vez, como ya he dicho, utilizó la creación de un análisis virtual basado en los análisis reales que realizaba en aquella época para presentar un nuevo modo de analizar guiado por la empatía.

CRÍTICA DE FREUD Y DE LA IDEOLOGÍA PSICOANALÍTICA

No cabe ninguna duda de que Kohut se enfrentó a la idolatría acerca de la persona y el pensamiento de Freud según se sigue y observa en todos y cada uno de los institutos de psicoanálisis y en otros lugares de formación de psicoterapeutas. La crítica a quienes conciben a Freud como a un ídolo que no puede tocarse se hace especialmente evidente en su trabajo sobre el semicírculo de la salud mental. Aquí se atreve, con ciertas precauciones y cautelas, a proponer una alternativa más coherente para el complejo de Edipo, el supuesto complejo nuclear que lamentablemente ha devenido dogmático desde que el psicoanálisis fue concebido como un movimiento. Desplaza al complejo de Edipo del centro psicoanalítico, pero sigue proponiendo que tal complejo tiene cierta importancia aunque de una manera mucho menos decisiva que lo afirmado y creído por Freud. Éste nunca pensó que su célebre complejo fuera una forma de hablar, una metáfora. Siempre creyó que era algo muy real y fuertemente operativo. Quizás Kohut no se atrevió a afirmar lo que debe decirse si nos dejamos gobernar por el pensamiento científico: el complejo de Edipo como organizador de la patología y la conciencia moral no existe.

Kohut se adelantó, como buen ilustrado, a decir y explicar lo que debe abandonarse para que el método psicoanalítico, que tanto ayuda cuando es aplicado de manera sencilla, se mantenga. De otro modo, si el psicoanálisis no abandona la especulación que propone que el trastorno, el síntoma y el carácter se deben a una lucha o conflicto moral se seguirá desprestigiando con mucha rapidez. Oponer sexualidad, perversa o no, con el añadido de la destructividad a una agencia represora y proponer que de un supuesto conflicto inconsciente surgiría el síntoma y el carácter es caer en el moralismo. Creo que Kohut lo intuyó primero y, como fue un espíritu libre, lo pudo al fin pensar y argumentar. En efecto, nunca podrá probarse una teoría que sostiene que el síntoma se construye sobre un conflicto moral.

La publicación de estos dos trabajos de Kohut en lengua castellana, según mi juicio, supone un acontecimiento. En mi libro sobre Sócrates y Freud recientemente aludido escribí: «Considero que Kohut fue un psicoanalista libre y potente, y que es escasamente apreciado en nuestro medio, pero seguramente será revalorizado algún día...». Me parece que con la publicación que el lector tiene en sus manos este día se va acercando. Entiendo que la posibilidad de la lectura de estos trabajos supone un acontecimiento porque los estudiantes de psicoanálisis tendrán ocasión de observar y aprender otra forma de ejercer diferente de la que suele ser oficial. Y no sólo los estudiantes, porque la mayoría de psicoanalistas y de psicoterapeutas, al menos en España, no han podido leer estos dos trabajos principales del psicoanalista americano.

Cada vez menos, pero todavía se suele criticar e, incluso, denigrar a Kohut desde la cúpula del didactismo escolar. Es también muy habitual que no se hable de la existencia de los escritos de Kohut incluso cuando se hace historia de la técnica. No citar a un oponente es una muestra de deshonestidad que se observa, a menudo, entre los seguidores sectarios de los movimientos ideológicos. No citar cuando es debido es una eliminación homicida, es una negación que brota directamente de la inepcia. Puesto que he presenciado muchas veces este tipo de conductas me alegro mucho de que con la presente publicación se contribuya a acabar con los abusos de poder cuando la mayoría no podía leer con facilidad en inglés los principios y la forma de trabajar de Kohut.

Así, pues, a partir de ahora el estudiante, el psicoanalista, el terapeuta o el lego interesado tendrán una manera fácil de saber si tiene algún fundamento lo que, de manera oficiosa, algunos siguen diciendo de Kohut: «Es un actuador; es un narcisista, no dice nada que no hayan dicho otros; nuestro grupo también utiliza la empatía; todos hacemos cosas parecidas cuando trabajamos con los pacientes; sólo hace psicoterapia o psicoterapia de apoyo», como si el psicoanálisis fuera algo distinto de la psicoterapia.

El profesional y el estudiante ahora podrán leer estos dos trabajos fundamentales para entender el gran cambio propuesto por el analista de origen austriaco y con entera libertad, ahora sí con libertad y conocimiento, aceptarlo o rechazarlo del todo o en parte. Asimismo, el lector que no acepte el psicoanálisis oficial y ortodoxo se sentirá acompañado por las propuestas sencillas de un psicoanalista de gran valía al alcance de cualquier profesional.

No soy kohutiano más que en lo práctico debido a que Kohut también propone unas teorías que no comparto. Parece que piensa que el síntoma es algo adquirido y con un cierto sentido. Es verdad, por otra parte, que no cree que el síntoma o el trastorno se originen en un conflicto pulsional inconsciente, pero él supone que el sentido del síntoma aparece vinculado al conflicto con el ambiente. Mi propuesta afirma que el síntoma y el trastorno no tienen sentido o significación y, por consiguiente, no son interpretables. ¡Se puede hablar de ellos, sólo faltaría, pero no son susceptibles de interpretación! Se olvida que desde Hipócrates ya no se debería interpretar el síntoma mental. Explicarlo, sí, interpretarlo, no. Pero, Freud y Fliess volvieron a interpretarlo, Breuer se abstuvo y tuvo que apartarse. Si no se deben interpretar los síntomas de una esquizofrenia nadie debiera interpretar los síntomas de un grave trastorno obsesivo. ¡Cuántos años perdidos y, muchas veces con dolor innecesario para el paciente, al que se le interpretaba una úlcera duodenal o un asma bronquial! ¡Cuántos años interpretando a los pacientes homosexuales con una manifiesta falta de respeto en la mayoría de las ocasiones!

Kohut, como la mayoría de analistas, cree que el síntoma y el trastorno tienen una causalidad psicológica mientras que yo pienso que la tienen biológica, si bien la emergencia de lo que está programado dependerá, en parte, del ambiente y crianza, de la cultura y la experiencia, es decir, del plano de lo psicológico. A pesar de lo anterior, Kohut es mi analista de elección en tanto que analista en el trabajo. Pienso que su técnica sencilla y amable será el núcleo del psicoanálisis del futuro. El pensamiento de Kohut y su lucha contra los convencionalismos escolares que destruyen la libertad, constituyen al menos para mí, unos *objetos del self* muy estimados que me amparan y me asisten para poder ser independiente y libre.

Se suele decir que un cambio de técnica responde a un cambio previo de la teoría. Kohut también lo afirma. Al respecto, dice:

> el cambio en mi visión teórica –que tuvo lugar en aquella época– influyó decisivamente para focalizar la percepción de la psicopatología del Sr. Z; y me facilitó, para mayor beneficio del paciente, ofrecerle el acceso a ciertas áreas de su personalidad que no habían sido alcanzadas en el primer análisis.

Yo no creo que sea exactamente de este modo. Si se leen con atención los dos análisis, lo que se observa es que en el segundo Kohut deja de lado las teorías. Las abandona. Reitero que las abandona, lo cual le permite acceder a un pensamiento libremente flotante, por supuesto, menos condicionado por las ideas previas.

La teoría no debe cambiar el método. Cuando todo va bien sucede al revés, la teoría cambia cuando la técnica está bien aplicada. Cuando el método y la técnica se cambian para seguir y obedecer a una determinada teoría se pierde lo mejor del método. El cambio de la técnica en la práctica de Kohut, y en la de otros que han procedido como él, no procede de un cambio de teoría sino del abandono de la teoría. Lo que cambia, de manera notoria en el caso de Kohut, es la

201

actitud. Cambia la manera de ejercer el oficio o la profesión. Kohut cambió las reglas del trabajo. Entre uno y otro análisis de Z se observa como regla la desaparición de interpretaciones basadas en teorías. La mente del analista del segundo análisis está reglada para ejercer el oficio sólo auxiliada por la inmersión empática. La regla del primero, como el lector puede comprobar, está basada en la interpretación tradicional y oficial. La técnica sólo cambia y debe cambiar como fruto de la experiencia y del saber que la experiencia aporta.

En el caso de Kohut es muy claro, él cambia su manera de ejercer el oficio porque la técnica tradicional le parece que no va bien o no va suficientemente bien. Parte de algo práctico, de unos hechos. No parte de una teoría sino de un saber, un conocimiento. Así debería ser siempre porque *saber* y *teoría* son conceptos muy diferentes.

Cuando Freud va estableciendo su método no se apoya en ninguna teoría. Si se lee atentamente la descripción de los pasos sucesivos en la elaboración del método psicoanalítico, tal como, por ejemplo, yo mismo lo describo en mi libro creo que de forma rigurosa, se hace evidente que el método procede en su totalidad de la experiencia, de la práctica. Fue después cuando el propio Freud introdujo innecesariamente «teoría» dentro de su método. Se apartó de Breuer y se acercó a Fliess. Creyó que su metapsicología apoyaba las interpretaciones que imaginó y empezó el adoctrinamiento. Por ejemplo, introdujo sin necesidad la doctrina sobre el complejo de Edipo. A partir de este punto se encargó de que un niño que padecía de fobia a los caballos supiera que el doctor estaba convencido que su malestar provenía de unos supuestos deseos incestuosos. Lo mismo o similar hizo con Dora. De forma parecida trataba Klein a sus pequeños pacientes, Dick o Richard pueden ser recordados. ¡Pobres pacientes! ¡Qué debían pensar de aquellas interpretaciones!

Kohut es el primer psicoanalista de renombre que nos libera de semejantes obligaciones improcedentes. Viene a decir: «esto es análisis tradicional, existe otro psicoanálisis, en el futuro será muy diferente». En efecto, existe otro modo de tratar al paciente: tratarlo sin teorías. Es lo que Kohut hace en el segundo análisis aunque diga que cambió de teoría.

Una de las propuestas de Kohut que me parece de la mayor importancia para entender a los hombres y, en consecuencia, poder tratarlos de manera coherente, se refiere a su postulación de que *casi todos los humanos y durante toda la vida estamos muy necesitados de compañía, sustentación y apoyo*. Esta idea está vinculada a su crítica del moralismo implícito en la sobrevaloración del amor objetal, propia del psicoanálisis intelectualista que sostiene una concepción de la madurez exenta de narcisismo.

Teniendo en cuenta lo anterior alguien podría argumentar: «Ahí está la prueba de una teoría, apta, además, según se acaba de decir para tratar mejor a los pacientes».

Pues no, no hay teoría en esta propuesta. Si acaso lo que hizo Kohut fue abandonar la teoría freudiana vigente sobre el narcisismo. Lo que se toma por teoría muchas veces no es más que una buena observación, *un hecho, un saber*. En lo relativo a la necesidad de compañía pudo estar más acertado Kohut que Freud, pero esta observación acertada o falsa no es ninguna teoría. No hay más, ni menos. Cuando Freud observa la frecuencia e importancia del sentimiento de culpa en los humanos no formula ninguna teoría, se trata de una observación, de una buena observación. A partir de dicha propuesta inicial sí que construye una teoría cuando especula que existiría un sentimiento de culpa inconsciente y, todavía más, cuando pretende que tal sentimiento se origina en un complejo inconsciente, el de Edipo. El complejo de Edipo sí que se sitúa en el campo de lo que se denomina como hipótesis, teoría, ideología, doctrina, especulación. Para mí, está claro cómo debe denominarse. El gran peligro de las especulaciones y teorías es que dañan el conocimiento cuando son falsas. Las teorías no son inertes y neutras. Cuando están establecidas si no son correctas paralizan el avance del conocimiento y el progreso de la ciencia.

Kohut no necesita cambiar de teoría para tratar de nuevo a Z, sólo cambia la técnica, que ya es mucho y notorio cambio. El lector que dude acerca de lo que acabo de decir que lea atentamente el segundo análisis de Z y observará que no hay teoría en él, ni vieja ni nueva, no la hay cuando se refiere a lo que hace con el paciente. Las referencias teóricas anejas al segundo caso, según mi opinión, no aportan nada e, incluso, distraen innecesariamente al lector. Lo que hay en relación con la técnica son recomendaciones o preceptos, reglas o guías, propuestas o consejos, es decir, formulaciones prácticas acerca de cómo hay que ejercer el oficio. El psicoanálisis no es más que una forma de psicoterapia, no debe pretender ser otra cosa. El psicoanálisis es un oficio o práctica como lo es la medicina o el arte de pilotar un avión reactor. Se requiere mucho conocimiento, saber, experiencia para ser piloto de avión, pero es mejor que no haya teorías y especulaciones en la mente del piloto, por nuestro bien, cuando somos conducidos por él.

La interpretación psicoanalítica y los dos análisis de Z

El psicoanálisis tradicional, siguiendo las enseñanzas de Freud, establece unas propuestas de lo que debe entenderse como interpretación que, en general, son seguidas por la mayoría de psicoanalistas ortodoxos. Pero, como se verá enseguida, Kohut abandona en la práctica la propuesta tradicional acerca de este delicado tema. De ordinario, se entiende que la interpretación psicoanalítica consiste en desvelar al paciente una parte o contenido de su inconsciente. Colaborar a hacer consciente lo inconsciente o aportar significado a un síntoma o un rasgo del carácter. El psicoanalista tendría un conocimiento de lo que sucede en el inconsciente del paciente y que éste, debido a los procesos defensivos, se resiste a rememorar. A consecuencia de ello, el síntoma mental o el rasgo de carácter habrían quedado desprovistos de su originaria significación y la conciencia del paciente no captaría el sentido de su trastorno y de su malestar. Entonces, se aduce, el psicoanálisis debe tener un aparato teórico para construir su trabajo interpretativo y aportar significado a aquello que no lo tiene para quien está analizándose.

Aunque el conjunto ideológico puede variar algo de unas escuelas a otras, hay concepciones a las que se adhieren la mayoría. Algunas de tales concepciones doctrinales serían: conflicto inconsciente como generador de los síntomas y modulador del carácter, sexualidad infantil de carácter perverso y polimorfo y complejo de Edipo, teoría libido-pulsional que incorpora en la mayoría de ocasiones una pulsión de destrucción o de muerte con un subsiguiente sentimiento inconsciente de culpa, una teoría que propone que el narcisismo da paso a una relación de objeto madura, etc.

Si se examina atentamente el segundo análisis de Z se puede verificar que no hay ninguna interpretación que proceda de una teoría acerca del conflicto inconsciente. Todas las formulaciones interpretativas proceden del sentido común de un analista que conoce a los hombres y quiere saber de su paciente conducido, no por teorías, sino por la empatía. No se suele percibir que en este análisis Kohut trabaja sin interpretar, a diferencia de lo que hace en el primero, lo cual me parece muy revelador. No es nada extraño, por consiguiente, que la palabra interpretación aparezca múltiples veces en la descripción del primer análisis, a pesar de que la presentación ocupa muy pocas páginas, mientras que esta palabra casi desaparece en la narración del segundo.

A diferencia de lo que ocurría cuando el psicoanalista tenía casi todas las respuestas para todo lo que el paciente dijera, ahora se observa cómo Kohut está trabajando tranquilo, ejerciendo con empatía su atención libremente flotante. En este momento le interesa un trabajo efectuado conjuntamente donde el analista es como en la mayéutica socrática un facilitador o catalizador de la apertura y del conocimiento. Como Sócrates, ahora el analista no enseña nada, no es un maestro, trabaja con su paciente.

En mi libro sobre Sócrates y Freud propuse que el análisis debía basarse en la neutralidad, la abstinencia del analista y la empatía. Creo que así sucede en el segundo análisis. Kohut aquí conserva una exquisita neutralidad al abstenerse de ofrecer doctrina al paciente. Por el contrario, tal como entiendo el psicoanálisis, no hubo neutralidad en el primer análisis. La neutralidad sólo puede querer decir que el analista no adoctrina al paciente. Kohut dice del primer análisis tradicional: «En el interior del setting analítico, el paciente se adecuó a mis teorías ofreciéndome temas edípicos». Es imposible hablar con más claridad acerca de la cuestión de la iniciación doctrinaria. En el primer tratamiento el analista no es abstinente, al contrario, está deseoso de ser visto como una especie de oráculo al que el paciente debe gratitud. No cabe duda de que Kohut se abstiene de estas satisfacciones en el segundo análisis cuando sólo está pendiente de trabajar con el paciente de forma tranquila y rigurosa y se abstiene de todo lo demás. Como Sócrates propugnaba, permite y ampara que el paciente desarrolle su propia manera de ser y el «maestro» no busca nada, ni se satisface de nada, se abstiene. Se abstiene, como es natural, en el supuesto de que el paciente sea una persona éticamente correcta, tal como propuso Freud.

El analista realiza un trabajo y cobra por ello, si es una persona madura se abstendrá de perseguir otros beneficios, ventajas, influencias o que el paciente se quede adherido a su persona o a su doctrina. El analista como cualquier otro trabajador se satisfará del trabajo bien hecho. Lo más bello de un trabajo bien realizado es la consecución de gozo y alegría, lo cual, dicho de paso, está al alcance de cualquier trabajo. Cuando este asunto tan importante y decisivo le falla al analista, se observa que empieza a comportarse mal.

¡Qué decir de la empatía! Fue nuestro autor quien propuso que de su empleo sincero, de su aplicación auténtica, y no sólo declarativa, se derivaba algo esencial del método psicoanalítico. En mi libro insistí en que el método psicoanalítico se caracterizaba por la ausencia de actuación del analista. Ni actuación pedagógica ni moral ni doctrinal. De ahí que propusiera a la empatía, siguiendo a Kohut principalmente, pero también a Freud, como uno de los pilares que definen el método. Si un analista o terapeuta mínimamente experimentado puede desplegar y usar la empatía para hablar con el paciente, no le hace falta buscar nada en las teorías. El uso de la empatía permite reemplazar a la doctrina. Me parece que en el futuro se verá claro que donde haya empatía no cabe la interpretación tradicional, que por definición procede de una doctrina. Empatía y actuación doctrinaria se excluyen entre sí.

En el segundo análisis la interpretación de la transferencia también sufre un cambio evidente resuelto con mucha energía. Kohut está atento para no ser desmesurado en interpretar de este modo y tiene muy presente que el tratamiento no se le complique innecesariamente. Refuta la consigna que conmina a una continua interpretación de la transferencia. Para quien tenga algo de experiencia de lo que se dice en los seminarios de formación de analistas y terapeutas y en las reuniones de los círculos analíticos, sobre todo en los kleinianos, acerca de la transferencia, la toma de posición de Kohut es muy clara. Advierte que no se debe complicar el diálogo analítico con abusivas e irrespetuosas interpretaciones de transferencia que crean un ambiente enrarecido. Es muy explícito cuando escribe que al no interpretar en la transferencia

libró al análisis de un conflicto gravoso, iatrogénico y ficticio (sus estériles reacciones de rabia contra mí y las consiguientes disputas), que yo había entendido anteriormente como el inevitable acompañamiento del análisis de sus resistencias.

Kohut ahora cae en la cuenta de que las estériles disputas *transferenciales* era él quien las provocaba y mantenía.

Kohut va hablando con su paciente, escucha lo que él quiere decirle y es capaz de aceptar lo que piensa acerca de los sueños. La interpretación directa y sencilla, la que procede de la experiencia de los hombres sin las complicaciones provenientes de teorías muy sofisticadas, puede ser válida y aceptable, suficiente sin más.

En un sueño, la madre le da la espalda y Z piensa que tal posición podría suponer que ella lo abandona enfadada porque él se acercaba a su padre. Kohut acepta esta interpretación del paciente. Es una suposición sencilla y que todo el mundo puede comprender con facilidad si se está dotado de cierta empatía. Otros, con una madre mostrando la parte posterior pensarían en interpretaciones distintas. *Obsérvese que en el análisis, si la empatía es aplicada con decisión, excluye la formulación de algo que no esté en la mente del paciente.* De nuevo la vieja cuestión: *via di porre* o *via di levare*.

Tal como lo entiendo, la empatía excluye la actuación doctrinaria del analista porque obliga a que se atienda a lo que hay en la mente del analizado y, a su vez, controla e impide que el analista imponga lo que hay en su propia mente en tanto que hipótesis, teoría o especulación.

Con todo, el psicoanalista no puede dejar de comportarse como un buen profesional que sólo puede afirmar lo que el conocimiento científico tiene validado. Por ejemplo, para tratar la histeria no es apropiado interpretar guiado por teorías no probadas; si se habla de la sintomatología sólo se podrá decir lo que se sabe o conoce con certeza; el grado razonable de certeza que establece la ciencia.

Si apenas interpreta, ¿qué hace Kohut en el segundo análisis? Escucha, reflexiona y dialoga sin actuar. Entonces, según mi juicio, el paciente por razón de un diálogo exento de intelectualizaciones y de actuaciones pedagógicas de corte paternalista se siente acompañado, aceptado y se tranquiliza. No se siente interpretado de manera muy complicada e incierta sino comprendido. El analista colabora y ayuda a que el paciente se abra y se desembarace de aquello que le oprime y no le permite la independencia, la libertad, el contento, la satisfacción y el placer. Lo relativo al placer es sumamente importante. Placer que va substituyendo a la amargura y la ira si el tratamiento va bien.

Veamos algunos aspectos importantes de la técnica. Una de las cuestiones que destacan en la descripción del segundo análisis es la labor realizada en común. Desaparece por completo el paternalismo del primer análisis. El paciente no está pasivo e irritado recibiendo cogniciones intelectualizadas o conclusiones interpretativas ofrecidas por el analista más o menos conocedor de aquello que el paciente supuestamente no sabe o ignora. La situación se ha invertido: ahora el que no sabe es el analista. Puesto que no sabe, no puede interpretar, en consecuencia, el contrato ahora se establece de modo que ambos se ponen a trabajar para conocer mejor y, así, por el procedimiento de la *via di levare* el paciente va quedando menos enredado y encadenado a prejuicios o cogniciones espurias acerca de sí mismo y de su historia. Kohut declara que en este análisis el estudio de la relación con la madre de Z les tomó mucho tiempo. El lector no puede dejar de advertir que la actitud de respeto, prudencia y diálogo ha substituido la tarea del analista dando interpretaciones a una persona pasiva, más o menos dependiente de la supuesta sabiduría analítica del terapeuta.

El analista ayuda a que el paciente confíe en sus propias percepciones, también en aquéllas que provienen de su infancia; le acompaña y apoya para que pueda ser más valiente y libre. A mí me parece que esto es fundamental porque el paciente suele ser inseguro, pero muchas veces su percepción es buena y, precisamente, sufre mucho si se le interpreta mal, con las teorías de lo funesto, porque puede llegar a creerse un tanto perverso al suponer que no ha entendido bien a su gente. Sin embargo, muy a menudo ha entendido bien, ha entendido muy bien.

En el análisis tradicional, sobre todo en aquél que ha desarrollado una gran doctrina acerca de la proyección y la identificación, el paciente queda muy desautorizado y, por consiguiente, dependiente del analista y de su interpretación. Ello es especialmente grave porque el analizado queda en las manos del analista, sometido al supuesto conocimiento que el profesional tendría de su inconsciente.

Sucede lo siguiente: el paciente explica, más o menos tímidamente, su propia historia y cuando describe una situación conflictiva o anómala relativa a sus padres o mayores o, en el presente, referidas a personas de significación parental, jefes, maestros o el mismo analista, se le puede desautorizar su percepción y su opinión mediante una interpretación de la proyección. Si, entonces, se le ocurre protestar se interpreta la resistencia. El paciente ya no puede protestar, sus percepciones y opiniones no valen lo suficiente, el analista sabría que él se engaña, conocería su inconsciente y, acto seguido, tendrá que oír que, en rigor, no se estaría hablando de lo que fue o es sino de otra realidad, la de su inconsciente poblado de fantasías que se proyectan, de las que hubo en el pasado y de las que seguiría habiendo en su medio actual y, si el analista en cuestión es un fervoroso partidario de tomarlo todo como si se tratara de transferencias, añade que lo mismo le sucede al paciente con el terapeuta.

Todo esto lo desbarata Kohut. No admite este desarrollo clásico. Una parte considerable de una tal doctrina de la sospecha consiste en aceptar como axiomático que los padres, la madre en alguna variante y el analista serían arquetipos de lo excelente. El hijo debe gratitud, sin condición alguna, a los padres y, ahora, al analista. No se tiene en cuenta que la gratitud depende de la generosidad y de la circunstancia. El adulto para el análisis clásico siempre sería un derivado del ser infantil lleno de impulsos inaceptables, inmaduro y actuador, con el añadido de la envidia y el sadismo según lo propone alguna escuela. En suma, la persona que consulta es entendida como un individuo pecador. Como sucede en algunas tradiciones religiosas las personas no sabrían que son portadoras de una culpa original.

En los dos análisis del Sr. Z y en el semicírculo sobre la salud mental se ve muy claramente que Kohut abandona estas teorías. Pero, ¿qué teorías? Las teorías que provienen de Freud y anuncian que siempre habría perversión inconsciente, ya en la niñez, con el complejo de Edipo y su sexualidad parcial. Ahora bien, puesto que el paciente neurótico no es un perverso, no tendría, a pesar de todo, conciencia clara de que lo perverso estaría albergado en su alma desde la infancia promoviendo el síntoma que él no comprende. Entonces el analista debería aportar significado a lo que el paciente no entiende y se resiste a aceptar: interpretará el síntoma y el carácter.

Todo esto es un grave error doctrinal que Kohut fue el primero en denunciar. En el semicírculo denuncia la concepción moralista que, como en las religiones, hace del hombre un ser culpable. Se sería culpable, como en los textos religiosos, por la acción del pensamiento. Todavía peor, puesto que se trataría de intenciones inconscientes. Así, el análisis tradicional le añade gravedad a este asunto: se es culpable aunque no se haya cometido ninguna falta o culpa, se es culpable además aunque no se piense en una actuación prohibida porque el deseo o el impulso, de acuerdo a la teoría, no serían conscientes. Puestas así las cosas el analista será el verdadero conocedor que va a revelar al paciente su inconsciente un tanto perverso.

Es verdad que en muchas ocasiones no nos hacemos sabedores de nuestras culpas y, por la actividad del potente narcisismo, no las reconocemos. Pero el mayor problema con la culpa, según mi propuesta, no se refiere a los grandes crímenes fantaseados: la falta o culpa que origina mayor sufrimiento a la humanidad es la falta de atención o de respeto. Está muy claro que de la falta de atención o de miramiento y respeto, expresiones que vienen a significar la misma cosa, nacen los mayores males para todos. Sin embargo, estas reflexiones sobre el dolor y el daño no las tienen muy en cuenta los analistas interesados en otras profundidades. Esperaremos a que se entienda que el problema sobre la culpa debe relacionarse con la realidad, no con las supuestas fantasías previas a la experiencia.

En efecto, la humanidad no desea el incesto. El humano no es culpable de desear el trato sexual con un progenitor y ser hostil para con el otro. El célebre y nuclear complejo de Edipo que, como buen ilustrado, Kohut refuta con toda razón. Si la crianza va bien, incluso sucede a la inversa de lo que suponía Freud. En el trabajo acerca del semicírculo de la salud mental Kohut expone una parte de la leyenda de Ulises. En ella el hijo puede esperar al padre y llegar a sentirse orgulloso de contribuir al acercamiento de éste a su esposa. Kohut no se hace esclavo de un solo mito o creencia y opone un mito a otro mito. Contrapone Ulises y Telémaco a Layo y Edipo. Ulises y Penélope quisieron mucho a su hijo mientras que Layo y Yocasta fueron unos padres desastrosos, meros egoístas. Tal vez, como consecuencia del narcisismo de los padres, Edipo, el pequeño rey doliente, fue siempre un narcisista ciego, mientras que Telémaco pudo acceder a la generosidad.

Kohut vio y entendió muy bien la tragedia del humano. No ser querido es una tragedia que puede ser muy difícil de resolver. Pero, quizá la mayor dificultad para el humano es conseguir quererse. Estas cosas Kohut las supo muy bien. Es una tragedia no poder quererse y al narcisista le sucede esta desgracia; a pesar de que quiere convencerse y convencernos de que es una maravilla no se quiere nada. Quererse es imprescindible para vivir bien y morir bien.

Todos los analistas suelen decir, algunos de un modo un tanto enfático, que ellos hablan con sus pacientes de afectos, de sentimientos, de ansiedades. Pero ¿están atentos?, ¿están dotados o cultivan la empatía, la única facultad que propicia el estado mental receptivo que permite que en la sesión los pacientes hablen de su intimidad?, ¿los pacientes les hablan de los terribles sentimientos de vergüenza y de vacuidad, de la espantosa impresión de ser extraño, de la sensación de falta de cohesión o coherencia, de los miedos, del horrible miedo de no ser plenamente aceptado en ninguna parte?

En la descripción del primer análisis Kohut muestra con acerada precisión que en el análisis tradicional lo relativo a los afectos y la inmersión en la empatía, la condición necesaria para que el paciente pueda abrirse si lo desea se substituye por una especie de intelectualización, como en una especie de psicoterapia cognitiva y conductual en la que, por lo demás, en múltiples ocasiones a juzgar por lo que se publica, lo que predomina es el ingenio que exhibe el analista. Se trata de una concepción del análisis altamente intelectualizado donde la empatía está presente solamente de forma declarativa. Se dice que se procede con empatía, pero el paciente no la percibe, lo que él siente es lo que sucede en el primer análisis de Z: interpretación sin empatía para encajonar al paciente en una teoría.

Con empatía Kohut se da cuenta de que el paciente no puede acceder al placer y advierte que Z ya desde niño «se arrastraba por una vida sin placer». Es habitual que en los análisis tradicionales no se dedique suficiente atención al logro del placer. Este asunto tan importante se deja de lado y, en su lugar, se puede proponer al paciente una tarea casi religiosa con formulaciones penitenciales: el paciente debe reconocer su ansiedad de castración por sus impulsos carnales o, lo que es parecido, debe entrar en la llamada posición depresiva habiendo renunciado a sus supuestos deseos, conducidos por la envidia, de derrotar a sus mayores incluido el propio analista.

La consecución de placer no estaría muy bien vista puesto que está muy parcialmente relacionada con la satisfacción de impulsos que se pretenden perversos. Al respecto, en ocasiones se oye propagar ideas muy moralistas, algunas relativas a unos supuestos objetivos o logros mentales especiales, si uno se deja conducir por el analista, que se parecen a antiguas concepciones acerca del hombre nuevo. Con pasión propia de adeptos se puede llegar a encomendar a los alumnos de psicoanálisis o de psicoterapia que procuren que sus pacientes entren en la llamada posición depresiva aunque sea a empujones. Con una dogmática de este tipo el psicoanálisis se acaba convirtiendo en una misión y se construye una ideología que lo concibe como movimiento. El paciente debe entrar en la comprensión y aceptación de una buena nueva como si se tratara de una evangelización o de un proselitismo manifiestamente ideológico. Cuando los análisis son conducidos de este modo, en el que no hay empatía por mucho que se la nombre, se desencadena una confrontación de ideologías entre paciente y analista que puede acabar en la sumisión o en la adopción de un falso self. En ambos casos se ha conseguido un adepto para el movimiento.

Kohut habla de alegría y de gozo, de placer, habla de la satisfacción del paciente y del niño que quiere crecer y hacerse independiente. No habla de la ansiedad o desazón que, según algunas teorías, de manera regular los pacientes deben llegar a sentir, aunque no lo sientan, los fines de semana o durante las vacaciones. No habla de estas cosas porque descree de ellas. Se ha convertido en un heterodoxo que abandona una concepción moral del análisis. Al dejar de lado estas ideas puede acercarse al paciente y observar que puede darse «una verdadera relación armoniosa con otro ser humano». Tampoco dice que siempre vaya a ser de este modo, no creo que fuera un iluso. Este acercamiento no se producirá en todos los casos de la misma forma y con el mismo grado. Habrá muchos pacientes con los que el contrato de trabajo psicoanalítico no se podrá realizar por circunstancias diversas. Si no se quiere idealizar el análisis o la psicoterapia psicoanalítica habrá que poder aceptar que éstos en muchas, muchísimas ocasiones no se pueden aplicar ni indicar.

Se ha dicho en muchas ocasiones que Kohut con su psicología del self reduce la explicación de la patología y del carácter al ambiente desfavorable de la infancia y también se le critica la idea de que la realización de un buen análisis permitiría saldar las deficiencias de la crianza. Puede ser que el reproche no sea del todo infundado, pero es parcial e interesado, propio de una lucha ideológica entre escuelas rivales.

Entiendo que Kohut es demasiado ambientalista, se decanta en exceso por la sociología como en algún momento también hizo Freud, y formula que la patología es determinada por el ambiente. Según mi propuesta, la patología viene programada por la biología y el ambiente hace posible, en muchos casos, la emergencia de lo que era ingénito. Si, ulteriormente, hay una buena experiencia psicoanalítica o de otro orden, el paciente se tranquilizará de nuevo, vivirá mejor, más cohesionado o coherente consigo mismo y lo patológico disminuirá sin desaparecer nunca del todo, como el propio Freud reconoce en alguna ocasión. Admitida una parte de esta crítica a Kohut no me parece adecuado ir más allá con ella. Él muestra que apoya y permite que el paciente se libere de sus enredos y falsas percepciones, pero no le añade nuevas cogniciones intelectualizadas.

El elemento liberador de Kohut en la técnica para con los pacientes y en sus escritos para los psicoanalistas consiste en abandonar la concepción teórica de que el humano procede de una infancia con fuertes componentes perversos escondidos o claramente relacionados con el pecado, como sucede con los adherentes o convencidos de la concepción de la perversión, el sadismo o la envidia.

Kohut propone un psicoanálisis sin moral. Un análisis que acepta la perversión cuando la haya, cuando sea manifiesta, pero no admite un inconsciente infernal. Entiende que el infierno, a veces, está entre los padres, y lo admite así cuando es el paciente quien lo dice. Entiende que los padres, aun cuando haya habido buena voluntad y dedicación, pueden haber sido unos perfectos ineptos o necios en el cuidado de sus hijos porque a pesar de la propaganda hay mucha hipocresía y muchos falsos Belenes. Admite que el paciente le explique que su madre nunca supo atenderlo bien porque era una mujer enferma. Admite que el paciente suele acertar al describir sus cosas. Esta actitud es sumamente importante para los pacientes porque por fin se encuentran con un analista que les acompaña sin prejuicios en su ardua introspección y expresión.

En este escrito he afirmado mi impresión de que la técnica de Kohut se irá imponiendo como eje vertebrador del análisis del futuro. De algún modo ya es así en cierto grado. El psicoanálisis y la psicoterapia analítica que van adquiriendo más aceptación en los círculos culturales y en los universitarios son formas de psicoterapia de introspección y expresión desprovistas de las complicaciones teóricas de hace unas décadas. El psicoanálisis de Kohut es sencillo y amable, liberado de innecesarias complejidades que producen dolor y confusión innecesarios a los pacientes.

Aunque personalmente siga prefiriendo y recomendando la técnica de Kohut debe decirse, también, que muchas de las corrientes actuales del psicoanálisis norteamericano que difieren de la psicología del self se originan en el camino que Kohut abrió por primera vez.

La psicología del self de Kohut es un psicoanálisis que se hace independiente de antiguas teorías y, según mi juicio, se puede articular bien con la racionalidad que la ciencia demanda. La conjunción con el pensamiento científico-experimental, en el que no caben las especulaciones es un asunto muy importante, le será exigido al psicoanálisis, ya lo es, por los ambientes cultivados de nuestra época.

No faltarán quienes se defiendan de la propuesta liberadora de Kohut explicando con suficiencia que él hacía psicoterapia de apoyo. Cada uno sabrá lo que dice y por qué lo dice. Por mi parte afirmo que mi análisis personal fue muy parecido al que Kohut propone y gracias a él mi vida cambió bastante; me permitió vivir mucho mejor, más contento y con mayor libertad. Confieso que si necesitara o quisiera analizarme de nuevo, dado que mi analista falleció hace tiempo, buscaría uno que creyera en lo que tengo que decirle y no me interpretara. No soportaría ni una sola interpretación al uso, transferencial o de otro tipo. De precisarlo, buscaría a un analista respetuoso, neutral, empático e ilustrado que no creyera en teorías y me oyera a mí. En todas partes debe haber analistas que trabajan de un modo independiente parecido al de Kohut.